東京実業高等学校

〈収録内容〉

2023 年度 ……………………………… 一般第 1 回（数・英・国）

2022 年度 ……………………………… 一般第 1 回（数・英・国）

2021 年度 ……………………………… 一般第 1 回（数・英・国）

2020 年度 ……………………………… 一般第 1 回（数・英・国）

2019 年度 ……………………………… 一般第 1 回（数・英・国）

解答用紙データ配信ページへスマホでアクセス！ ⇒

※データのダウンロードは 2024 年 3 月末日まで。
※データへのアクセスには、右記のパスワードの入力が必要となります。 ⇒ 924865

〈合格最低点〉

※学校からの合格最低点の発表はありません。

本書の特長

実戦力がつく入試過去問題集

▶ 問題 …………… 実際の入試問題を見やすく再編集。
▶ 解答用紙 …… 実戦対応仕様で収録。
▶ 解答解説 …… 詳しくわかりやすい解説には、難易度の目安がわかる「基本・重要・やや難」の分類マークつき（下記参照）。各科末尾には合格へと導く「ワンポイントアドバイス」を配置。採点に便利な配点つき。

入試に役立つ分類マーク

基本 確実な得点源！
受験生の 90%以上が正解できるような基礎的、かつ平易な問題。
何度もくり返して学習し、ケアレスミスも防げるようにしておこう。

重要 受験生なら何としても正解したい！
入試では典型的な問題で、長年にわたり、多くの学校でよく出題される問題。
各単元の内容理解を深めるのにも役立てよう。

やや難 これが解ければ合格に近づく！
受験生にとっては、かなり手ごたえのある問題。
合格者の正解率が低い場合もあるので、あきらめずにじっくりと取り組んでみよう。

合格への対策、実力錬成のための内容が充実

▶ 各科目の出題傾向の分析、合否を分けた問題の確認で、入試対策を強化！
▶ その他、学校紹介、過去問の効果的な使い方など、学習意欲を高める要素が満載！

解答用紙ダウンロード 解答用紙はプリントアウトしてご利用いただけます。弊社ＨＰの商品詳細ページよりダウンロードしてください。トビラのＱＲコードからアクセス可。

UD FONT 見やすく読みまちがえにくいユニバーサルデザインフォントを採用しています。

東京実業高等学校

2024年で創立102周年・学校6日制・共学
大学進学にむけた新カリキュラム

URL	https://www.tojitsu.ed.jp/

普通科探究コース：2022年度新設
普通科総合コース：2022年度新設
普通科ビジネスコース
機械科機械システムコース：2022年名称変更
電気科電気システムコース：2022年名称変更
電気科ゲームITコース

生徒数　772名
〒144-0051
東京都大田区西蒲田8-18-1
☎03-3732-4481
京浜東北線・東急多摩川線・東急池上線
蒲田駅　徒歩3分

プロフィール

円満で誠実な人格 不屈の精神力を育む

1922年、東京実業学校という名称で商業学校として創立。1936年現在地に移転。1944年に機械科、1970年に電気科、1976年に普通科、2010年電気科にゲームITコースを設置。2001年商業科を普通科ビジネスコースに、普通科を普通科文理コースと名称変更。2006年に全科男女共学となった。

カリキュラム

3科6コースでの 多様な学び

全ての科・コースで、大学進学に対応できる学力の定着を保証する。

普通科探究コースは、学習の質の向上を第一の目標に据えたコース。大学入試に必要な基礎学力の定着を図ることはもちろんのこと、家庭学習を習慣化できるようサポートし、目標を高く設定して大学合格を目指す。

普通科総合コースは、苦手教科の学習にも安心して取り組めるよう、中学校までの間に取りこぼしてしまった内容を一つ一つ学び直していく「リメディアル学習」を行う。生徒一人ひとりの理解度、定着を把握しながら、基礎学力を固め大学進学に向けた力を身につけたい、という生徒も大学進学へ導く。両コースともに、授業の中でも大学入試を意識した問題演習を行い、外部の模擬試験を通して自分の現状を把握し、その課題や弱点克服のアドバイスをする。長期休暇中には、実力アップのための講習会や講演会を行うことで、モチベーションを維持する。

普通科ビジネスコースでは、学習を通じて思考力、表現力、判断力を身につけるために、「アントレプレナーシップ」を学ぶ。アントレプレナーシップとは、「起業家的行動能力」と示されることが多いが、多くの仕事がAIやロボットに置き換わる中で、人間に求められている能力とも言える。新しい価値を創造し、よりよい社会を求めていく人材には、課題を主体的に解決し事業を推進していくアントレプレナーシップは不可欠である。この視点は、本校の「キャリア教育」が目指すものと多くが重なる。ビジネスに関する科目も含めたすべての教科学習で培った知識技能を、探究活動を通してアントレプレナーシップを身につけた人材を育成する。具体的に述べるとその人材とは、発想力・創造力・問題発見&解決能力・情報収集&分析能力・マネジメント力・リーダーシップ力・コミュニケーション能力を備えることである。

授業風景

機械科機械システムコースは、「使うより作ろう」のスローガンのもと、モノづくりを基礎から学び、機械の専門スキルの習得と未来に活かせる創造性豊かな知識と技能を身につけた人材の育成を目指す。現代社会では工場の自動化が進んでおり、機械システムコースでは時代に沿った実習を行っている。実習の一例を挙げると、人の腕の代わりをするアームロボット実習やコンピュータによる3次元製図などがある。ものづくりの基礎となる溶接実習や旋盤実習なども行っている。溶接とは鉄と鉄を溶かしてくっつけることであり、旋盤とは材料を回転させて刃物で加工することである。また、本校で得た知識と技能を、課題研究で具現化し、発表する。課題研究の一例としては、ロボットコンテスト、電子掲示板、ソーラーカー、アクリル板工作などがある。課題研究を通して、生徒のコミュニケーション能力、主体性、多様性、協働性を伸ばす。

電気システムコースでは、オームの法則に始まる電気の基礎から、インバータ制御や太陽電池といった最先端の電気技術まで幅広く学習し、産業界の様々な分野で活躍する電気のスペシャリストを目指す。電気システムコースでは、よりよい社会を創るという目標を共有し、社会と連携・協働しながら、未来の創り手となるために必要な資質・能力を育む。カリキュラムは、専門教科はもちろんのこと、大学受験に対応できる普通教科の単位数を設定している。専門教科は、電気の基礎からしっかりと学んだ上で、各専門知識や技術を身につける段階的な学習システムをとっている。電気の知識が0でも無理なくスキルアップが望める。少人数制の実習・実験中心のカリキュラムにより、幅広い知識・技能を修得でき、実験・実習の集大成として、課題研究で主体的・対話的で深い学びをすすめ、電気工学分野の創造性を育む。また、数々の資格取得にも力を入れており成果を上げている。特に国家資格でもある第二種電気工事士の取得には精力的に取り組んでおり、東京の工業高校内でも、常にトップ5に入る高い合格率を誇る。

ゲームITコースは、「プログラマー」や「情報技術者」となる人材育成を目指す。ゲーム制作に必要な技術とは、「ゲームプログラム」などの「プログラムの技術」、「ソフトウェアの技術」、パソコン本体やゲーム機器などの「ハードウェアの技術」、キャラクターを生み出す「コンピュータグラフィクの技術」などが挙げられる。また、現在ではインターネット利用して世界中の人と繋がる。これには、ネットワークなどの「通信に関する技術」が必要となる。このようにゲームは様々な技術ででき上がっており、ゲームを学ぶことはこれらの様々な知識を学ぶことになる。ゲームITコースでは、このような幅広い基礎的な知識を高校時代に習得し経験値を高め、理系・情報系大学に進学し、さらなる深い学びや研究を行うことを目的とし、高校と大学の7年間で知識、技能の習得を目指す。

カリキュラム

次世代を担う 人材育成

本校独自のキャリア教育プログラムである「フェニックス プログラム」を、全コースで1年次に必修とする。この授業は、生徒一人ひとりが、自ら学ぼうとする姿勢を身につけることを目的とする。そのために、自分の人生と社会とのつながりを真剣に考える。最終的には、自己の理解・社会の理解・職業の理解の3つの理解を通して、「人生プラン」の発表へとつなげる。一人ひとりの異なる「人生プラン」を基盤として、何のために学ぶのかを深く理解したうえで、2・3年生での「総合探究」「課題研究」へとつなげる。

学校生活

クラブ活動を通した 人間教育

クラブは、近年全国大会で活躍が目立つレスリング部、インターハイ・全国高校駅伝5回出場の陸上競技部、都大会ベスト4常連のサッカー部、甲子園を目指す野球部、少しずつ結果の出てきたバドミントン部など運動部が14。全国大会や海外での活動の評価も高いマーチングバンド部、eスポーツの各種大会に参戦中のeスポーツ部など、文化部が18あり、活発に活動している。

国際化

半世紀以上続く 留学制度

アメリカコロラド州ボルダーの6つの公立高校と姉妹校契約を結び、1967年より交換留学を行なっている。2017年には50周年を迎え、日本とアメリカの両方で古参と言える留学制度を誇る。異文化理解を通して、グローバルな視野を持つ人材を育成している。

進路

全コース大学進学に対応した 新しいカリキュラム

本校独自のキャリア教育「フェニックスプログラム」を通し、自分が希望する進路を具体的に描き、確実に獲得する。生徒募集要項は8月公表予定。

2023年度入試要項

試験日　1/22（推薦）　2/10（一般第1回）
2/12（一般第2回）　2/16（一般第3回）

試験科目　面接（推薦）　国・数・英＋面接（第1回）
国・数・英から2科＋面接（第2・3回）

2023年度	募集定員	受験者数	合格者数	競争率
探究	22/18/3/2	20/30/0/-	20/30/0/-	1.0/1.0/-/-
総合	67/53/10/5	77/175/10/-	77/174/8/-	1.0/1.0/1.3/-
ビジネス	45/35/7/3	26/16/1/-	26/61/1/-	1.0/1.0/1.0/-
機械	67/53/10/5	10/79/2/-	10/79/2/-	1.0/1.0/1.0/-
電機システム	22/18/3/2	16/49/0/-	16/49/0/-	1.0/1.0/-/-
ゲームIT	22/18/3/2	25/39/1/-	25/37/1/-	1.0/1.1/1.0/-

※人数はすべて推薦／一般第1回／第2回／第３回
（一般の受験者数と合格者数は合算）

過去問の効果的な使い方

① **はじめに**　入学試験対策に的を絞った学習をする場合に効果的に活用したいのが「過去問」です。なぜならば，志望校別の出題傾向や出題構成，出題数などを知ることによって学習計画が立てやすくなるからです。入学試験に合格するという目的を達成するためには，各教科ともに「何を」「いつまでに」やるかを決めて計画的に学習することが必要です。目標を定めて効率よく学習を進めるために過去問を大いに活用してください。また，塾に通われていたり，家庭教師のもとで学習されていたりする場合は，それぞれのカリキュラムによって，どの段階で，どのように過去問を活用するのかが異なるので，その先生方の指示にしたがって「過去問」を活用してください。

② **目的**　過去問学習の目的は，言うまでもなく，志望校に合格することです。どのような分野の問題が出題されているか，どのレベルか，出題の数は多めか，といった概要をまず把握し，それを基に学習計画を立ててください。また，近年の出題傾向を把握することによって，入学試験に対する自分なりの感触をつかむこともできます。

過去問に取り組むことで，実際の試験をイメージすることもできます。制限時間内にどの程度までできるか，今の段階でどのくらいの得点を得られるかということも確かめられます。それによって必要な学習量も見えてきますし，過去問に取り組む体験は試験当日の緊張を和らげることにも役立つでしょう。

③ **開始時期**　過去問への取り組みは，全分野の学習に目安のつく時期，つまり，9月以降に始めるのが一般的です。しかし，全体的な傾向をつかみたい場合や，学習進度が早くて，夏前におおよその学習を終えている場合には，7月，8月頃から始めてもかまいません。もちろん，受験間際に模擬テストのつもりでやってみるのもよいでしょう。ただ，どの時期に行うにせよ，取り組むときには，集中的に徹底して取り組むようにしましょう。

④ **活用法**　各年度の入試問題を全問マスターしようと思う必要はありません。できる限り多くの問題にあたって自信をつけることは必要ですが，重要なのは，志望校に合格するためには，どの問題が解けなければいけないのかを知ることです。問題を制限時間内にやってみる。解答で答え合わせをしてみる。間違えたりできなかったりしたところについては，解説をじっくり読んでみる。そうすることによって，本校の入試問題に取り組むことが今の自分にとって適当かどうかが，はっきりします。出題傾向を研究し，合否のポイントとなる重要な部分を見極めて，入学試験に必要な力を効率よく身につけてください。

数学

各都道府県の公立高校の入学試験問題は，中学数学のすべての分野から幅広く出題されます。内容的にも，基本的・典型的なものから思考力・応用力を必要とするものまでバランスよく構成されています。私立・国立高校では，中学数学のすべての分野から出題されることには変わりはありませんが，出題形式，難易度などに差があり，また，年度によっての出題分野の偏りもあります。公立高校を含め，ほとんどの学校で，前半は広い範囲からの基本的な小問群，後半はあるテーマに沿っての数問の小問を集めた大問という形での出題となっています。

まずは，単年度の問題を制限時間内にやってみてください。その後で，解答の答え合わせ，解説での研究に時間をかけて取り組んでください。前半の小問群，後半の大問の一部を合わせて50％以上の正解が得られそうなら多年度のものにも順次挑戦してみるとよいでしょう。

英語

英語の志望校対策としては，まず志望校の出題形式をしっかり把握しておくことが重要です。英語の問題は，大きく分けて，リスニング，発音・アクセント，文法，読解，英作文の5種類に分けられます。リスニング問題の有無(出題されるならば，どのような形式で出題されるか)，発音・アクセント問題の形式，文法問題の形式(語句補充，語句整序，正誤問題など)，英作文の有無(出題されるならば，和文英訳か，条件作文か，自由作文か) など，細かく具体的につかみましょう。読解問題では，物語文，エッセイ，論理的な文章，会話文などのジャンルのほかに，文章の長さも知っておきましょう。また，読解問題でも，文法を問う問題が多いか，内容を問う問題が多く出題されるか，といった傾向をおさえておくことも重要です。志望校で出題される問題の形式に慣れておけば，本番ですんなり問題に対応することができますし，読解問題で出題される文章の内容や量をつかんでおけば，読解問題対策の勉強として，どのような読解問題を多くこなせばよいかの指針になります。

最後に，英語の入試問題では，なんと言っても読解問題でどれだけ得点できるかが最大のポイントとなります。初めて見る長い文章をすらすらと読み解くのはたいへんなことですが，そのような力を身につけるには，リスニングも含めて，総合的に英語に慣れていくことが必要です。「急がば回れ」ということわざの通り，志望校対策を進める一方で，英語という言語の基本的な学習を地道に続けることも忘れないでください。

国語

国語は，出題文の種類，解答形式をまず確認しましょう。論理的な文章と文学的な文章のどちらが中心となっているか，あるいは，どちらも同じ比重で出題されているか，韻文(和歌・短歌・俳句・詩・漢詩)は出題されているか，独立問題として古文の出題はあるか，といった，文章の種類を確認し，学習の方向性を決めましょう。また，解答形式は，記号選択のみか，記述解答はどの程度あるか，記述は書き抜き程度か，要約や説明はあるか，といった点を確認し，記述力重視の傾向にある場合は，文章力に磨きをかけることを意識するとよいでしょう。さらに，知識問題はどの程度出題されているか，語句(ことわざ・慣用句など)，文法，文学史など，特に出題頻度の高い分野はないか，といったことを確認しましょう。出題頻度の高い分野については，集中的に学習することが必要です。読解問題の出題傾向については，脱語補充問題が多い，書き抜きで解答する言い換えの問題が多い，自分の言葉で説明する問題が多い，選択肢がよく練られている，といった傾向を把握したうえで，これらを意識して取り組むと解答力を高めることができます。「漢字」「語句・文法」「文学史」「現代文の読解問題」「古文」「韻文」と，出題ジャンルを分類して取り組むとよいでしょう。毎年出題されているジャンルがあるとわかった場合は，必ず正解できる力をつけられるよう意識して取り組み，得点力を高めましょう。

数学

出題傾向の分析と合格への対策

●出題傾向と内容

本年度の出題数は，大問で7題，小問数にして26題と例年並みの出題数であった。

出題内容は，[1]が数の計算の小問群で正負の数，分数，平方根に関する基本的な問題，[2]が展開，因数分解，1次方程式，2次方程式，式の値等の小問群，[3]が統計の問題で，ヒストグラムや箱ひげ図の読み取りが必要，[4]が座標平面上で，線対称や合同を考える問題，[5]が売買に関する方程式の応用問題，[6]は平面図形の計量問題でおうぎ形の弧の長さを考える。[7]が確率の問題であった。出題のレベルは基礎から標準レベルまでの出題で，中学校の教科書内容が確実に習得されているかどうかが試されている。

✔学習のポイント

数と式・方程式・関数・図形・確率の各分野の基礎をきちんとおさえ，教科書にある応用問題は確実に解ける力をつけたい。

●2024年度の予想と対策

問題の量は，多少ばらつきがあるが，25題程度と考えられる。中学校数学全般にわたる十分な基礎力を養っておくことが大切である。

まず，迅速かつ正確な計算力を身につけること。分数，平方根，指数を含む式もスムーズにこなせるように。また，最小公倍数，最大公約数の出し方もマスターしておくこと。関数は図形との融合問題として出題されるので，それらの問題に慣れておく必要がある。特に，直線の式については理解を深めておくこと。応用問題や図形の問題は典型的なパターンのものが多いので，教科書の問題が簡単に解けるようになるまで練習しておこう。

▼年度別出題内容分類表……

出題内容			2019年	2020年	2021年	2022年	2023年
数と式		数の性質					
		数・式の計算	○	○	○	○	○
		因数分解	○	○	○	○	○
		平方根	○	○	○	○	○
方程式・不等式		一次方程式	○	○	○	○	○
		二次方程式	○	○	○	○	○
		不等式					
		方程式・不等式の応用	○	○	○	○	○
関数		一次関数	○	○	○	○	○
		二乗に比例する関数	○	○	○	○	○
		比例関数				○	
		関数とグラフ	○		○	○	○
		グラフの作成					
図形	平面図形	角度	○				
		合同・相似					○
		三平方の定理				○	
		円の性質					○
	空間図形	合同・相似					
		三平方の定理		○			
		切断					
	計量	長さ		○		○	○
		面積		○	○	○	○
		体積		○			
		証明					
		作図					
		動点					
統計		場合の数					○
		確率	○	○	○	○	○
		統計・標本調査	○				○
融合問題		図形と関数・グラフ	○	○	○	○	
		図形と確率			○		
		関数・グラフと確率					
		その他					
その他			○	○	○	○	

東京実業高等学校

英語

出題傾向の分析と合格への対策

●出題傾向と内容

本年度は，会話文3題，単語問題，語句選択問題，適切な応答を選択する問題，読解問題3題の計9題が出題された。大問数や全体の難易度は例年と変わらないが，出題傾向に若干の変更があった。

単語，文法問題も教科書範囲内の出題である。会話文，読解問題も比較的読みやすいものとなっている。

会話文，読解問題では内容理解に関する設問が中心となっているが，幅広い文法事項も問われており，総合的な英語力を見るための出題となっている。

✔学習のポイント

中学校で学習する英語が偏りなく出題される。教科書の復習を徹底し内容を完全に身につけよう。単語は声に出して覚えよう。

●2024年度の予想と対策

来年度も，語彙・文法の知識を問う問題，長文・会話文などの読解力を問う問題といった出題傾向は，おおむね例年と同様と思われる。問題のレベルとしては，中学で学習する英語力がきちんと身についていれば対応できる。

文法問題に関しては，まず教科書で学習する基本重要事項を完全にマスターしておこう。特に，関係代名詞の種類や不定詞や現在分詞，過去分詞など，動詞の形や用法については重点的に学習してほしい。

長文対策は，教科書の復習を終えたあと，標準レベルの長文・会話文に数多く接して，総合的な英語力の養成に努めよう。

▼年度別出題内容分類表 ……

出題内容		2019年	2020年	2021年	2022年	2023年
話し方・聞き方	単語の発音					
	アクセント	○	○	○	○	
	くぎり・強勢・抑揚	○	○			
	聞き取り・書き取り					
語い	単語・熟語・慣用句			○	○	○
	同意語・反意語			○		
	同音異義語					
読解	英文和訳(記述・選択)				○	
	内容吟味	○	○	○	○	○
	要旨把握	○	○	○	○	○
	語句解釈			○		
	語句補充・選択	○	○	○	○	○
	段落・文整序					
	指示語					
	会話文	○	○	○	○	○
文法・作文	和文英訳					
	語句補充・選択	○	○	○	○	○
	語句整序					
	正誤問題					
	言い換え・書き換え			○	○	
	英問英答					
	自由・条件英作文					
文法事項	間接疑問文	○	○		○	
	進行形	○	○			○
	助動詞	○	○		○	○
	付加疑問文	○	○			
	感嘆文	○	○			
	不定詞	○	○	○	○	○
	分詞・動名詞			○	○	○
	比較	○	○			
	受動態	○		○		
	現在完了			○	○	○
	前置詞	○				
	接続詞	○	○	○	○	
	関係代名詞					

東京実業高等学校

国語

出題傾向の分析と合格への対策

●出題傾向と内容

本年度は，漢字と知識の独立問題が2題，小説の読解問題が1題，論説文の読解問題が1題の計4題の出題であった。基礎知識を問う問題が中心であるのは，本年度も変わっていない。

読解問題は，文章中に解答の根拠となる記述がある問題がほとんどなので，じっくり文章を読んで吟味すれば正解することができる。

いずれも正確な知識や読解力が要求され，点数を落とさないことが要求される。

学習のポイント

漢字や熟語の知識は練習量が必要である。
日々くり返し練習を積み重ねよう！

●2024年度の予想と対策

記号選択による出題形式は今後も続くと考えられる。しかし，漢字は実際に書けなければ漢字力が身についたことにならず，読解力も解答を記述できて真の読解力が身についたといえる。

実際の試験では，こうしたわずかな差が，得点の差となって現れるものである。

したがって，選択式の問題だけでなく，抜き出しや記述問題もある読解練習を行い，読解力を身につけるようにしよう。

慣用句などの知識問題も過去出題されている。

知識の習得だけでは国語力は伸びない。こつこつ日々努力を重ね，幅広く対応できる力を身につけるようにしよう。

▼年度別出題内容分類表 ……

		出題内容	2019年	2020年	2021年	2022年	2023年
内容の分類	読解	主題・表題	○	○		○	
		大意・要旨	○	○	○	○	○
		情景・心情	○	○	○	○	○
		内容吟味	○	○	○	○	○
		文脈把握	○	○	○	○	○
		段落・文章構成					
		指示語の問題	○			○	○
		接続語の問題	○				○
		脱文・脱語補充	○	○		○	○
	漢字・語句	漢字の読み書き		○	○	○	○
		筆順・画数・部首	○				
		語句の意味		○		○	○
		同義語・対義語	○	○		○	
		熟語	○			○	○
		ことわざ・慣用句	○	○			
	表現	短文作成					
		作文(自由・課題)					
		その他					
	文法	文と文節					
		品詞・用法					
		仮名遣い					
		敬語・その他					
	古文の口語訳						
	表現技法		○			○	○
	文学史		○				
問題文の種類	散文	論説文・説明文	○	○		○	○
		記録文・報告文					
		小説・物語・伝記	○		○	○	○
		随筆・紀行・日記		○	○		
	韻文	詩					
		和歌(短歌)					
		俳句・川柳					
	古文						
	漢文・漢詩						

東京実業高等学校

2023年度 合否の鍵はこの問題だ!!

数学 [4]

[4]は座標平面上で図形を扱う問題。x軸を軸とした放物線というめずらしい形の出題だったので，図をみた時は難しい問題に見えるが，実はほとんど放物線を意識することなく解ける問題である。(2)，(3)は放物線上の点を回転移動する問題だが，放物線を意識せず，点A，点Cだけが回転移動することを考えればよい。さらに，点を移動させるというよりは，線分OA，線分OBを回転移動すると考えたほうがわかりやすいだろう。回転の中心は原点O，半径はそれぞれOA，OB，回転は右回りに90°。線分を考えることで回転角90°がわかりやすくなる。図形の問題は自分で図を描くことが基本，(2)は線分OBを描くことで直角二等辺三角形OABが見えればBの座標は容易に求められる。座標平面はグラフ用紙を思い浮かべればよい，縦，横に多くの線が引いてあるので，その中から必要な線が見えればよい。(3)では直角二等辺三角形はあまり役にたたないが，解説ではCからy軸に垂線CEをひき，Dからx軸に垂線DFをひいて，合同な三角形をつくった。(4)は三角形の面積を求める問題。解説の解き方を知っているとよいが，面積の求め方はいろいろある。たとえば，直線ADとx軸の交点をEとおくとE$(-2,\ 0)$となり，Cの真下になるので，△ACD＝△ECD－△ECAと求めるのも簡単である。Aを通りCDに平行な線を引いて等積変形をして求めてもよい。中学1年生で座標を学習したときは，△ACDを囲む長方形をつくり，長方形から不要な三角形の面積を引いて求める方法も学習しただろう。いずれにしてもx軸を軸とする放物線を意識しなければ，基本的な内容を扱う問題である。自分で図を描くだけでも気づけるかもしれない。

英語 【9】

読解問題で確実に得点できるようにすることが，合格への近道である。その中でも，【9】の長文読解問題は長い文章なので，正確に読み取る必要がある。また，【9】の(50)は単に和訳するだけではなく，きちんと内容を把握しないと解けない問題である。和訳する力とともに読解力も身につけたい。

長文読解に取り組むときには以下の点に注意をして取り組もう。

① 設問に目を通し，何について問われているのか確認をする。
((46)…パーティーに関する話題，(47)…コーヒーショップに関する話題　など)

② 段落ごとに読み進める。

③ ①で確認した内容が出てきたら設問を解く。

以上のように読み進めれば，すばやく問題を処理できるだろう。教科書に出てくる例文はぜひ暗唱できるまで繰り返したい。そして，問題集や過去問を用いて練習を積むことが大切である。

国語 【2】問五

★ 合否を分けるポイント(この設問がなぜ合否を分けるのか?)

文章読解の問題だけでなく，基本的内容である漢字の問題も得点に結びつける必要があるため。

★ こう答えると「合格できない」!

(×) 選出(6・2)

→「選出」は，えらび出すこと，という意味であり，「決勝戦に[　　]する」という文に合わない。

★ これで「合格」!

(○) 進出(8・2)

→「進出」は，すすみ出ること，という意味であり，「決勝戦に[　　]する」という文に合う。

【4】問十

★ 合否を分けるポイント(この設問がなぜ合否を分けるのか?)

文章の内容を正しく読み取った上で，選択肢の文の細かい部分と照らし合わせながら検討し，正答を選ぶ必要があるため。

★ こう答えると「合格できない」!

(×) 1

→文章の最後の文の「言語とは……虚構性を本質的に持っている」は，選択肢の文の「虚構」に合っているように見えるが，文章の「始めにことばありき」に関する筆者の説明の内容が，選択肢の文の「実際の本当の世界を正しく映し出したものではない」という部分に矛盾している。

(×) 2

→選択肢の文のような内容は，文章中に述べられていない。また，文章の「『森羅万象には，すべてそれを表わすことばがある。』これが私たちの素朴な，そして確たる実感であろう」という内容に，選択肢の文は矛盾している。

(×) 3

→選択肢の文のような内容は，文章中に述べられていない。

(×) 4

→選択肢の文のような内容は，文章中に述べられていない。

★ これで「合格」!

(○) 5

→文章の「世界の断片を，私たちが，ものとか性質として認識できるのは，言葉によってである，」という部分や，最後の文の「言語とは絶えず生成し，常に流動している世界を，……人間に提示して見せる虚構性を本質的に持っているのである」という部分に，選択肢の文が合致している。

MEMO

大切なことはメモしておこうネ！

ダウンロードコンテンツのご利用方法

※弊社 HP 内の各書籍ページより，解答用紙などのデータダウンロードが可能です。

※巻頭「収録内容」ページの下部 QR コードを読み取ると，書籍ページにアクセスが出来ます。（Step 4 からスタート）

Step 1 東京学参 HP（https://www.gakusan.co.jp/）にアクセス

Step 2 下へスクロール『フリーワード検索』に書籍名を入力

Step 3 検索結果から購入された書籍の表紙画像をクリックし，書籍ページにアクセス

Step 4 書籍ページ内の表紙画像下にある『ダウンロードページ』をクリックし，ダウンロードページにアクセス

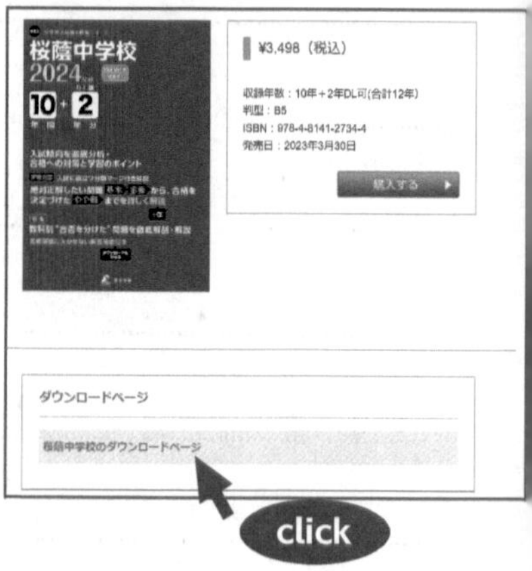

Step 5 巻頭「収録内容」ページの下部に記載されているパスワードを入力し，『送信』をクリック

解答用紙・+αデータ配信ページへスマホでアクセス！ ⇒

※データのダウンロードは 2024 年 3 月末日まで。

※データへのアクセスには，右記のパスワードの入力が必要となります。 ⇒ ●●●●●●

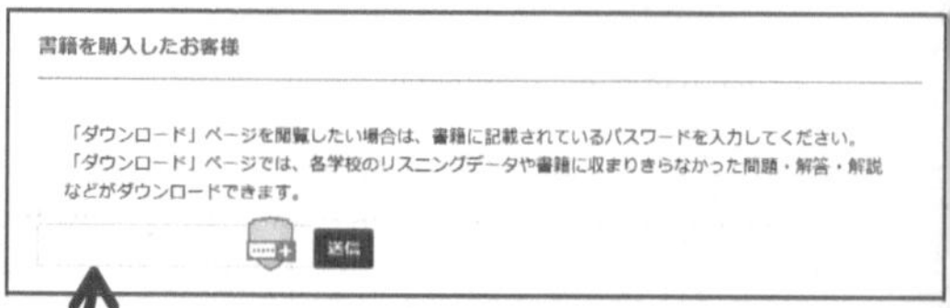

Step 6 使用したいコンテンツをクリック

※ PC ではマウス操作で保存が可能です。

2023年度

★★★★★★★★★★★★★★★★★★★★★★★

入　試　問　題

2023年度

東京実業高等学校入試問題

【数　学】（50分）　＜満点：100点＞

【注意】 ①　解答が分数になるときは，約分して答えて下さい。

②　比を答える問題はもっとも簡単なもので答えて下さい。

［１］　次の計算をし，□の中に適する数を入れなさい。

(1)　$3-6-(-9)=\boxed{\text{ア}}$

(2)　$5^2-(-4)^2=\boxed{\text{イ}}$

(3)　$0.5\times4-0.25\times4=\boxed{\text{ウ}}$

(4)　$-\frac{25}{36}+\frac{5}{6}\times\frac{4}{9}\div\frac{8}{15}=\boxed{\text{エ}}$

(5)　$\sqrt{8}+\sqrt{32}-5\sqrt{2}=\sqrt{\boxed{\text{オ}}}$

(6)　$\frac{5\sqrt{5}}{9}\div\frac{3}{5}\div\frac{25\sqrt{5}}{27}=\boxed{\text{カ}}$

［２］　次の□の中に適する数を入れなさい。

(1)　$3(x^2+2x-3)+(x^2-4x+3)=\boxed{\text{ア}}x^2+\boxed{\text{イ}}x-\boxed{\text{ウ}}$

(2)　$(4x-2)(x+1)=\boxed{\text{エ}}x^2+\boxed{\text{オ}}x-\boxed{\text{カ}}$

(3)　$x^2+3x-10=(x-\boxed{\text{キ}})(x+\boxed{\text{ク}})$

(4)　１次方程式$-2a+2=2a-2$の解は$a=\boxed{\text{ケ}}$

(5)　２次方程式$x^2-x-1=0$の解は$x=\frac{\boxed{\text{コ}}\pm\sqrt{\boxed{\text{サ}}}}{\boxed{\text{シ}}}$

(6)　$a=-3$，$b=-2$のとき，$\frac{\sqrt{ab}}{b-a}+2\sqrt{ab}=\boxed{\text{ス}}\sqrt{\boxed{\text{セ}}}$

［３］　FIFAワールドカップカタール2022に出場した国の選手26人の年齢を調べた。次のページの２つの図は，ある出場国Ａの年齢に関するデータのヒストグラムと，出場国Ａ，出場国Ｂ，出場国Ｃの年齢に関するデータの箱ひげ図である。

(1)　図１のヒストグラムより，出場国Ａの中央値は$\boxed{\text{アイ}}$歳である。

(2)　図２の箱ひげ図のうち，出場国Ａの箱ひげ図は$\boxed{\text{ウ}}$である。（①ならば１，②ならば２，③ならば３のマークを記入しなさい。）

(3)　図２から読み取れることとして最も適当なものは$\boxed{\text{エ}}$である。

下の選択肢から選びなさい。

１，平均年齢は，②より①の方が高い

２，範囲が１番広い②は，試合に出た選手の年齢にバラつきがある

３，どの国もチーム内の25％は30歳以上の選手である

４，③の最年少は25歳である

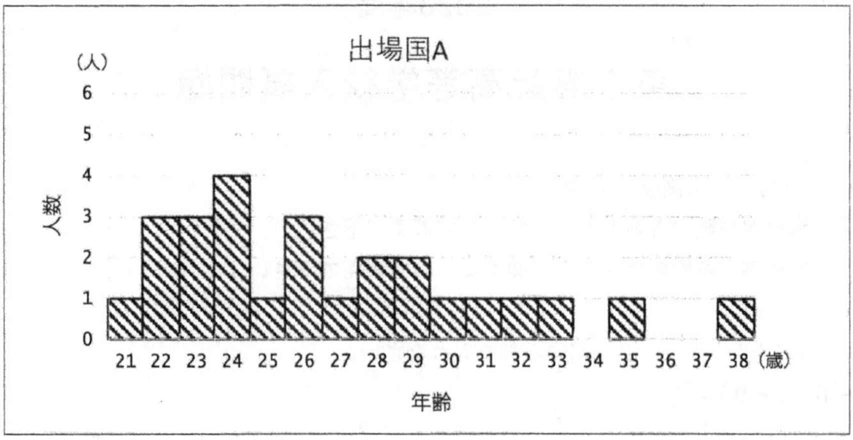

図1

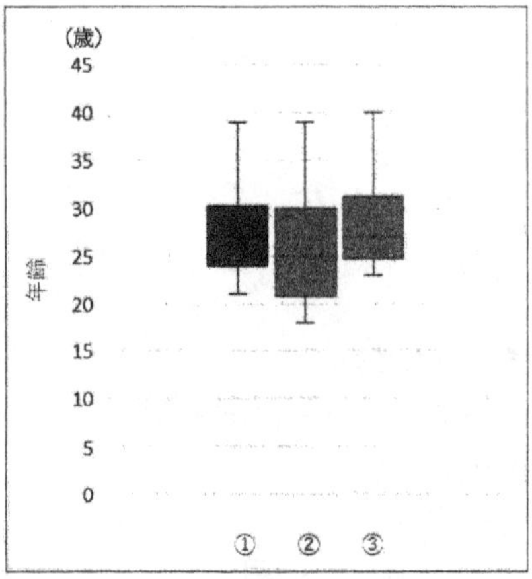

図2

［4］ 右の図のような放物線C_1：$y=x^2$と直線ℓ：$y=2x-1$がある。放物線C_1を原点を中心に右回りに90°回転させた図形をC_2とするとき，次の問いに答えなさい。

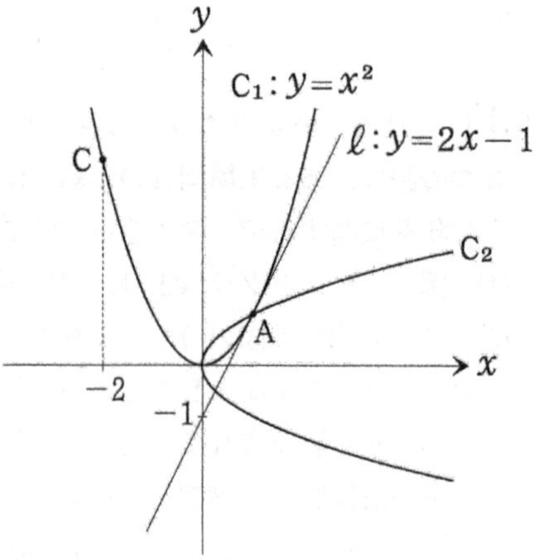

(1) 放物線C_1と直線ℓとの交点Aの座標は，A（[ア], [イ]）である。

(2) 放物線C_1がC_2に移動したとき，点Aは点Bに移動する。このとき，点Bの座標は，B（[ウ], [エオ]）である。

(3) $x=-2$のとき，放物線C_1上の点を点Cとすると点Cの座標は，C（[カキ], [ク]）となる。また，点CはC_2上の点D（[ケ], [コ]）に移動する。

(4) CDの長さは[サ]$\sqrt{[シス]}$であり，△ACDの面積は[セ]である。

［5］　ミノル君は5000円を持って，チーズとフランスパンを買いに行った。

チーズを10個とフランスパンを3本買うと400円足りず，チーズを5個とフランスパンを4本買うと300円余る。チーズは1個[アイウ]円，フランスパンは1本[エオカ]円である。

［6］　図のように，長方形ABCDの中に，ABを一辺とする正方形ABEFに対しBEを半径とする円の弧$\overset{\frown}{BF}$を考える。同様に，FDを一辺とする正方形FGHDに対し弧$\overset{\frown}{FH}$を考え，さらにCHを一辺とする正方形CHIJに対し弧$\overset{\frown}{HJ}$を考え，これを点Mに到達するまで繰り返す。

長方形ABCDの面積が104㎝^{2}，正方形ABEFの面積が64㎝^{2}であるとき，次の問いに答えなさい。

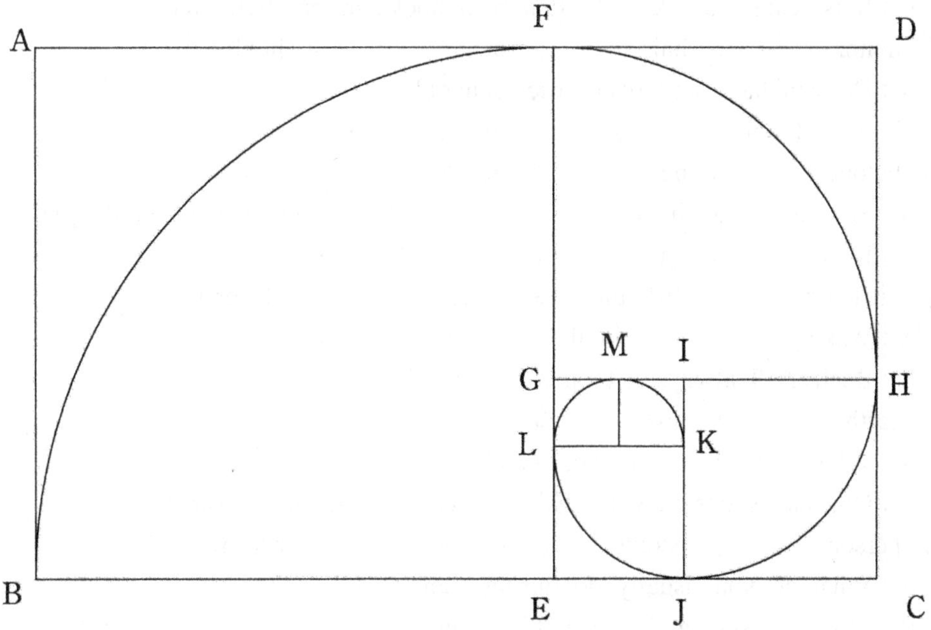

(1)　辺ABの長さは[ア]㎝，辺ADの長さは[イウ]㎝である。

(2)　辺BEを半径とする円の弧$\overset{\frown}{BF}$の長さは[エ]π㎝である。

(3)　それぞれの正方形で操作を繰り返したとき，弧の長さの和は[オカ]π㎝である。

［7］

S	①	②	③	④	⑤	⑥	⑦	⑧	⑨	⑩	G

上図のようにS（スタート）からG（ゴール）まで11コマ目でゴールに着くすごろくがある。大小2枚のコインを同時に投げて表が2枚出たら3コマ，1枚なら2コマ，2枚とも裏なら1コマ進む。このとき，次の問いに答えなさい。

(1)　コインを2回投げてSから③に進む行き方は[ア]通りある。

(2)　コインを2回投げてSから⑤に進む確率は$\frac{[イ]}{[ウ]}$である。

(3)　今⑥にいるとき，あと3回投げてちょうどGに止まる（通過はしない）確率は$\frac{[エオ]}{[カキ]}$である。

【英　語】（50分）　＜満点：100点＞

【１】 次の各文の（　）に当てはまる適切な語句を選択肢の中から選びなさい。

(1) A：We are going to see some airplanes tonight at the (　　).
Would you like to come with us?
B：Mmm, I have to do my homework, so I think I'll pass.
① around　② anger　③ anniversary　④ airport

(2) A：What is your favorite (　　)?
B：It is reading books. I often read books in my free time.
① honor　② hair　③ head　④ hobby

(3) A：Do you have any plans after school?
B：No. I don't (　　) to any clubs, so I am free.
① belong　② beside　③ besides　④ begin

(4) A：Studying English is (　　) for me. I can't understand anything!
B：It is not! You just need to keep studying it!
① difficulty　② difficult　③ different　④ difference

(5) A：Waking up (　　) in the morning is so hard.
B：Really? I always get up at 6 o'clock.
① earth　② fast　③ early　④ first

(6) A：Who is the (　　) over there?
B：Oh, she is our new English teacher. Her name is Nancy.
① person　② people　③ personal　④ prison

(7) A：What do you usually do during summer (　　)?
B：Mostly, I stay at home and read books.
① vocabulary　② voice　③ vacation　④ victory

(8) A：Why do we have to wear shoes in this school?
B：That's the (　　) here. You need to follow that.
① role　② reason　③ rule　④ room

(9) A：What are you doing this weekend?
B：I'm going to a summer (　　). Do you want to come with me?
① fantasy　② face　③ festival　④ fan

(10) A：Mmm, is there any restaurant around here? I am so (　　).
B：I found one before just five minutes ago. Let's go there.
① heavy　② healthy　③ hardly　④ hungry

【２】 各文の（　）内に入る最も適当な語を①～⑦から選びなさい。
文頭に来る語も小文字になっています。

(11) A：(　　) we play ping pong after school?
B：Yes, let's.

(12) A：I heard it's your birthday tomorrow, isn't it?
B：Yes. I (　　) be sixteen tomorrow.

(13) A：I (　　) not understand her idea at that time.
B：Now you can understand it, don't you?

(14) A：(　　) I help you?
B：No thanks, I'm just looking.

(15) A：Watch out! The car is crossing the street! You (　　) be more careful.
B：Thanks, mom. I didn't notice it.

(16) A：(　　) you like another cup of coffee?
B：Yes, please.

(17) A：What (　　) you going to do tomorrow?
B：I want to buy a book.

① are　② may　③ shall　④ will　⑤ should　⑥ could　⑦ would

【3】 各文の（ ）内に入る最も適当な語を①～⑤から選びなさい。
文頭に来る語も小文字になっています。

(18) "Who (　　) this letter yesterday?" "Yuria did."
(19) Mr. Randy is (　　) a book about Music history.
(20) (　　) your name on the line.
(21) Have you (　　) your report yet?

① write　② writes　③ wrote　④ written　⑤ writing

【4】 次の各文に対する応答として適当なものを下の語群から選びなさい。

(22) Do you want to go to the movies with me?
(23) How much is it?
(24) How's it going?
(25) Would you give me some water?
(26) May I speak to Yuria?

〈語群〉

① It's eighty dollars.	② Here you are.	③ Hold on, please.
④ That sounds good.	⑤ Great.	

【5】 次の各文の（ ）内から正しい語を選びなさい。

(27) She has a lot of homework (① do　② did　③ doing　④ to do) by tomorrow.
(28) I know the girl (① play　② played　③ plays　④ playing) the piano on the stage.
(29) It is interesting (① in　② of　③ for　④ to) me to learn French.
(30) I didn't know (① what　② who　③ why　④ where) to say to him.

【6】 次の英文を読み，設問に答えなさい。

From : Shin Takahashi 〈shintakahashi@bmail.com〉
To : John Anderson 〈johnanderson@bmail.com〉
Date : December 12th
Subject : Signing event

Hi John,
Thanks for lending me your novel of Robot Bakers. It's such an exciting story. I really liked the part when the robots baked cakes and had a party. After reading it last Sunday, I took my brother to a bookstore near my house. It was so interesting that I wanted to have it myself. I also want to read the second one.
When I was waiting for my friend at the station yesterday, I saw a poster about the new second book of Robot Bakers. The poster also said that there will be a book signing event for five days, from December 18th to 23rd. I think I want to get my book signed by the author. If you are free, why don't we go to the event after school on Friday? You can see your favorite author there. I can buy tickets for the event.

Your Friend,
Shin

From : John Anderson 〈johnanderson@bmail.com〉
To : Shin Takahashi 〈shintakahashi@bmail.com〉
Date : December 13th
Subject : Wonderful!

Hi Shin,
I am glad to hear that. That novel is very wonderful. I want to go to the event with you. My older brother likes that novel and the author. I'm sorry I may keep you waiting for thirty minutes. After school, I have a meeting for my music club. Let's enjoy that event after.

Talk to you soon,
John

(31) Who wrote the email on December 13th?
① John was.　② Shin did.　③ John did.　④ Shin was.

(32) Where did Shin find out about the signing event?
① Shin saw a message about the novel.
② Shin saw a poster about it at the station.
③ Shin was waiting for John at the station.
④ John and Shin saw an author at a signing event.

(33) What is the email written about?

① Shin is sorry to lend the novel.
② John can't go to the event with Shin on December 19th.
③ John wants to go to the signing event for Robot Bakers.
④ Shin didn't buy the second book of Robot Bakers.

(34) Why did Shin send an email to John?

① Because Shin borrowed a book from John.
② Because Shin wants to get a signature from my friend John.
③ Because Shin wants to wait for John at the station.
④ Because Shin wants to lend the second book about the Robot Bakers.

(35) How long will Shin wait for John?

① A day　② A few hours　③ An hour and a half　④ Half an hour

【7】 次の英文を読み，設問に答えなさい。

Saturday 11/12/2022

Ray: What time will you come?
I have been waiting for you for an hour.
I am in the cafeteria at the station.
I have drunk six cups of coffee.
I'm full of coffee.
11:00

Alan: I'm sorry.
I'm sick today.
I have a fever of 39.2℃.
I can't come there.
11:10

Ray: I see. I hope you will get well soon.
Next time, could you tell me before I leave home?
11:11

Alan: Okay, I'm sorry.
I forgot to tell you because I have a bad headache, and pain in my throat and body.
Forgive me for today.
11:30

Ray: Sure.
I think you could have the flu or something.
Is your family okay?
11:31

Alan: Yes, they are okay for now.
11:50

Ray: That's good.
Take care.
11:51

Sunday 11/13/2022

Alan: You were right. I have the flu.
I won't go to school this week.
I took some medicine and I feel better a little.
Now my little sister has a fever of 39.4℃.
She is crying.
I feel sorry for her.
11:00

Ray: I'm sorry.
How old is she?
11:10

Alan: She was born 5 months ago.
It is too hard for a baby.
I hope she is going to get better.
11:15

Tuesday 11/15/2022

Alan: Help me!
Now my parents are sick.
There is no one who can take care of them.
There is no one who can cook.
11:00

Ray: Can't you?
11:10

Alan: I can't.
I have never cooked.
What should I do?
11:12

Ray: Please check here.
https://www.recipes-easy-to-cook.com
You can learn how to cook.
You can find something easy to cook and good for their health.
Good luck!
11:15

Alan: Thank you!
Meats and vegetables are in the refrigerator.
I'll try!!
11:20

※the flu　インフルエンザ

(36) What time did Ray arrive at the station?
① 9:00 ② 10:00 ③ 11:00 ④ 12:00

(37) Why didn't Alan go to the station?
① Alan didn't like Ray. ② Alan didn't feel well.
③ Alan was busy. ④ Alan had to study.

(38) What month was Alan's sister born?
① April ② May ③ June ④ November

(39) What did Ray tell Alan?
① Restaurant ② How to cook ③ Hospital ④ Websites

(40) What will Alan do next?
① He will make lunch ② He will go shopping.
③ He will sell foods. ④ He will go to the cooking class.

【8】 次の英文を読んで，空所に入る適切な語句を答えなさい。

A solar panel cooker is very useful. Its [(41)] is only half a kilogram. It folds into the size of a big book, and makes it easy to [(42)]. It does not cost very much. It can make a meal in a few hours under the [(43)].

The solar cooker is made of cardboard and foil. It reflects sunlight into a black cooking pot. When sunlight hits the pot and makes it hot, a bag prevents heat from escaping. It acts like a greenhouse. The pot becomes [(44)] enough to boil water or cook foods.

A solar cooker is sometimes used in developing countries. Thanks to the cooker, people do not have to spend time and energy on collecting fuel. Also, it prevents many diseases because it makes it possible for people to drink [(45)] water and eat cooked foods. The solar cooker is more than an eco-friendly invention.

※ solar panel cooker 太陽熱調理器 ※ cardboard ボール紙 ※ foil アルミ箔
※ prevent 防ぐ ※ invention 発明

(41) ① weight ② height ③ length ④ distance
(42) ① read ② hear ③ carry ④ eat
(43) ① star ② moon ③ ice ④ sun
(44) ① cold ② cool ③ warm ④ hot
(45) ① dangerous ② safe ③ dirty ④ rain

【9】 次の英文を読んで設問に答えなさい。

John met Cathy at a party. She was wonderful. John was only one of many men who were chasing after her, and he was so ordinary that nobody paid any attention to him.

At the end of the party, John invited Cathy to have coffee with him. She was surprised but, just to be polite, she agreed. They sat in a nice coffee shop. He was too nervous to say anything. She was not comfortable, and she thought to herself, "Please, let me go home."

As they sat silently with their coffee, John suddenly asked the waiter, "Would you please give me some salt?" Everybody looked at him. Who puts salt in their coffee? So strange! His face turned red but still, he put the salt in his coffee and drank it. Cathy asked him, "Why did you do that?" John replied, "When I was a little boy, I lived near the sea. I liked the taste of the sea, just like the taste of salty coffee. Now every time I have salty coffee, I always think of my childhood and my hometown. I miss my hometown so much. I miss my parents who are still living there." Cathy was deeply touched. Those were his true feelings from the bottom of his heart. She thought to herself, "He must be a good man. He really loves home, cares about home, and understands the responsibility of home." Then she also started to speak about her hometown far away, her childhood, and her family.

It was a really nice talk, and also a beautiful beginning to their story. They continued to date. Cathy found that John was actually a man who met all her demands. He was warm, caring, and had a kind heart. He was such a good person and she nearly missed him!

Thanks to his salty coffee, their story was just like a beautiful love story. The princess married the prince, and then they lived a happy life together. And, every time she made coffee for him, she put some salt in it, as she knew that was the way he liked it.

After 40 years, John passed away. He left Cathy a letter.

Please forgive me for the lie I told you about the salty coffee. I was so nervous on our first date. Actually, I wanted some sugar, but I said salt. It was hard for me to change the words I said, so I just went ahead with it. I tried to tell you the truth many times, but I couldn't. Now I'm dying, so I'm telling you the truth. I don't like salty coffee. What a strange, bad taste! But I have had salty coffee all my life! Life with you and salty coffee is my biggest happiness. If I could live a second time, I would still want to know you and have you for my whole life, even if I had to drink salty coffee again.

The tears dropped from Cathy's eyes and the letter got very wet.

One day, someone asked her, "What does salty coffee taste like?" She replied, "It's sweet."

※ responsibility 責任

(46) When Cathy met John at the party, what did she think of him?

① She thought that he was the man she wanted to marry.
② She thought that he was wonderful.
③ She thought that he seemed to like coffee.
④ She thought that he was nothing special.

(47) Why did Cathy go to the coffee shop with John?

① Because the coffee shop was nice.
② Because John asked her to come with him.
③ Because she wanted to drink coffee.
④ Because the coffee shop was in her hometown.

(48) Why did John ask the waiter to give him some salt?

① Because he made a mistake.
② Because he wanted to put it in his coffee.
③ Because he knew that Cathy liked salty coffee.
④ Because his coffee was too sweet.

(49) In John's letter, which statement is true?

① John didn't want to marry Cathy.
② John really wanted salty coffee when he invited Cathy to the coffee shop.
③ John felt very happy with his wife and salty coffee.
④ John didn't live near the sea.

(50) Why did Cathy reply "It's sweet" when she was asked about the taste of salty coffee?

① Because the memories with John have been sweet.
② Because the coffee has been actually sweet.
③ Because John lied that the coffee was sweet.
④ Because Cathy has kept putting sugar into John's coffee.

のを次の1～5より選びなさい。

1　世界の切れはしや断片、一部分をものとか性質として認識できるようにするためにことばがなければならないということ。

2　素材としての世界を把握する時には、まずどの部分、どの性質に焦点を置くべきかを決定しなければならないということ。

3　ことばを用いて世界を理解するために、はじめに行われたことは唯名論と哲学論の議論の対立であったということ。

4　世界認識の手がかりであることばの構造やしくみが違えば、認識される対象もある程度変化せざるえないということ。

5　空空漠々とした世界の始めにことばが生まれ、それをきっかけに人々はことばを用いるようになったということ。

問七　〔⑥〕に当てはまる語として最適なものを次の1～5より選びなさい。

1　哲学的　　2　専門的　　3　具体的

4　現実的　　5　相対的

問八　傍線部⑦〔条件〕に当てはまるものとして、適当でないものを次の1～5より選びなさい。

1　人間側の要素からの視点

2　人間側の目的からの視点

3　人間側の要因からの視点

4　人間側の見地からの視点

5　人間側の外面からの視点

問九　傍線部⑧〔虚構の分節〕とはどういうことか。最適なものを次の1～5より選びなさい。

1　渾沌とした、連続的で切れ目のない素材の世界を、人間の外側にある視点によって整然と区別し、ものやこととして分類したもの。

2　渾沌とした、連続的で切れ目のない素材の世界を、人間の視点によって整然と区別し、ものやこととして分類したもの。

3　絶えず生成され、常に流動している世界を、人間の要素を離れた事実に基づかない視点によって整然と区別し、ものやこととして分類したもの。

4　絶えず生成され、常に流動している世界を、実際にはない人間にとって有意義と思われる視点によって整然と区別し、ものやこととして分類したもの。

5　絶えず生成され、常に流動している世界を、事実らしく作りあげた人間の視点によって整然と区別し、ものやこととして分類したもの。

問十　本文の内容と合うものとして最適なものを次の1～5より選びなさい。

1　ことばは人間が勝手に作り出した虚構に過ぎず、実際の本当の世界を正しく映し出したものではない。

2　世界に存在している全てのものやことを、人間が作り出したことばによって認識することは出来ない。

3　人間が世界を正しく有意義にものやことを理解するためには、最終的にはことばを用いるしか方法はない。

4　ことばは世界を認識するための手がかりであるので、言語ごとにことばの構造やしくみを変化させる必要がある。

5　私たちは使用している言語の分節に従って人間の見地から整理し、ことばを用いてものやこととして認識している。

を本質的に持っているのである。

（注）1　空々漠々……実質的なものがなく、とらえどころもないようす。
2　渾沌……いろいろな力が入りまじってはたらき、区別ができない状態。

〔出典〕「ことばと文化」（鈴木孝夫　岩波書店　一九七三年より抜粋。また、一部ふりがなと注を加えた。）

問一　〔①〕に入る語として最適なものを次の1～5より選びなさい。

1　ぼろぼろだ　2　ぎりぎりだ　3　がたがただ
4　ぎっしりだ　5　がらがらだ

問二　傍線部②「自然界」と対比関係にある語句として最適なものを次の1～5より選びなさい。

1　人間が作り出し、利用している製品
2　膨大な数の鳥類や動物、昆虫や植物
3　人間の動作をはじめ、微妙な心の動き
4　事物の性質や事物と事物との関係の名称
5　私の机にだけある雑然と散らかっている物

問三　空欄〔ⓐ〕〔ⓑ〕〔ⓒ〕に当てはまる言葉の組み合わせとして最適なものを次の1～5より選びなさい。

1　ⓐ　たとえば　ⓑ　ところが　ⓒ　また
2　ⓐ　つまり　ⓑ　ところが　ⓒ　また
3　ⓐ　つまり　ⓑ　また　ⓒ　ところが
4　ⓐ　たとえば　ⓑ　さて　ⓒ　また
5　ⓐ　たとえば　ⓑ　つまり　ⓒ　ところが

問四　傍線部③「ものとことばは、互いに対応しながら人間を、その細かい網目の中に押込んでいる」とはどういうことか。適当でないものを次の1～5より選びなさい。

1　世界にある事物、対象、動き、性質、関係などには全て名前がついているということ。
2　森羅万象にはすべてそれをあらわすことばがあり、それが当然だという印象を与えているということ。
3　事物の性質はもちろん、事物と事物との関係にさえ、それをあらわす適切なことばが対応しているということ。
4　ものがあればそれを呼ぶ名としてのことばがあり、その対応関係は細かいものだということ。
5　自動車はいろいろな物質から成る材料からできていて、それにも全部名前がついているということ。

問五　傍線部④「このような前提」とはどういう前提か。最適なものを次の1～5より選びなさい。

1　同じものが、言語が違えば別のことばで呼ばれているという一種の信念とでもいうべき前提。
2　同じものを外国語で勉強するときには、辞書を引いてなんというのかをきちんと調べるべきだという前提。
3　同じものという存在が先にあって、それにあたかもレッテルを貼るような場合にことばがつけられるという前提。
4　同じものがさまざまな言語で異った名称を持つという問題に専門的に取り組んできたという前提。
5　同じものとことばの関係に対して、詳しく専門的に扱う必要のある言語学者が疑いを持っているという前提。

問六　傍線部⑤「始めにことばありき」とはどういうことか。最適なも窓口であるならば、ことばの構造やしくみが違えば、認識される対象も当然ある程度変化せざるを得ない。

なぜならば、以下に詳しく説明するように、ことばは、私たちが素材としての世界を整理して把握する時に、どの部分、どの性質に認識の焦点を置くべきかを決定するしかけに他ならないからである。いま、ことばは人間が世界を認識する窓口だという比喩を使ったが、その窓の大きさ、形、そして窓ガラスの色、屈折率などが違えば、見える世界の範囲、性質が違ってくるのは当然である。そこにものがあっても、それを指す適当なことばがない場合、そのものが目に入らないことすらあるのだ。

抽象的な議論はこのくらいにして、［⑥］なことばの事実から考えて行くことにしよう。先ず身近にあるものの例として机のことを考えてみる。机とは一体なんだろうか。机はどう定義したらよいのだろうか。

机には木でできたのも、鉄のもある。夏の庭ではガラス製の机も見かけるし、公園には、コンクリートのものさえある。脚の数もまちまちだ。第一私がいま使っている机には脚がない。壁に板がはめ込んであって、造りつけになっている。また一本足の机があるかと思えば、会議用の机のように何本もあるのも見かける。形も、四角、円形は普通だし、部屋の隅で花びんなどを置く三角のものもある。高さは日本間で座って使う低いものから、椅子用の高いものまでいろいろと違う。

こう考えてみると、机を形態、素材、色彩、大きさ、脚の有無及び数といった外見的具体的な特徴から定義することは、殆《ほと》んど不可能であることが分ってくる。

そこで机とは何かといえば、「人がその上で何かをするために利用できる平面を確保してくれるもの」とでも言う他はあるまい。ただ生活の必要上、常時そのような平面を、特定の場所で確保する必要と、商品として製作するためのいろいろな制限が、ある特定の時代の、特定の国における机を、ほぼある一定の範囲での形や大きさ、材質などに決定しているにすぎない。

だが、人がその上で何かをする平面はすべて机かといえば、必ずしもそうでない。たとえば棚は、いま述べた机とほぼ同じ定義があてはまる。家の床も、その上で人が何かをするという意味では同じである。そこで机を、棚や床から区別するために、「その前で人がある程度の時間、座るか立止まるかして、その上で何かをする、床と離れている平面」とでも言わなければならない。

注意してほしいことは、この長たらしい定義の内で、人間側の要素、つまり、そこにあるものに対する利用目的とか、人との相対的位置といった⑦条件が大切なのであって、そこに素材として、人間の外側に存在するものの持つ多くの性質は、机ということばで表わされるものを決定する要因にはなっていないということである。

人間の視点を離れて、たとえば室内に飼われている猿や犬の目から見れば、ある種の棚と、机と、椅子の区別は理解できないだろう。机というものをあらしめているのは、全く人間に特有な観点であり、そこに机というものがあるように私たちが思うのは、ことばの力によるのである。

このようにことばというものは、(注2)渾沌《こんとん》とした、連続的で切れ目のない素材の世界に、人間の見地から、人間にとって有意義と思われる仕方で、⑧虚構の分節を与え、そして分類する働きを担っている。言語とは絶えず生成し、常に流動している世界を、あたかも整然と区分された、ものやことの集合であるかのような姿の下に、人間に提示して見せる虚構性べたような事物や性質の数の、単なる総和に止まらない。

ⓐ自動車という一種類のものがある。ところがこれは、約二万個の部品からできている。それにいちいち名がついているのは勿論《もちろん》である。ジェット機になれば、部品の数は一ケタ上るという。更に面倒なことに、これらの部品の一つ一つは、当然のことながら、いろいろな物質から成る材料からできていて、それも全部名前があるという具合に、どんどん細かくなっていく。

こんな風に、③ものとことばは、互いに対応しながら人間を、その細かい網目の中に押込んでいる。名のないものはない。「森羅万象には、すべてそれを表わすことばがある。」これが私たちの素朴な、そして確たる実感であろう。

この、ものがあれば必ずそれを呼ぶ名としてのことばがあるという考えと、同じくらいに疑いのないこととして、多くの人は「同じものが、国が違い言語が異れば、全く違ったことばで呼ばれる」という認識を持っている。犬という動物は、日本語では「イヌ」で、中国語では「狗」、英語ではdog、フランス語ではchien、ドイツ語ではHund、ロシア語ではcoõáka、トルコ語でköpekといった具合に、さまざまな形のことばで呼ばれる。

私たちが学校で外国語を勉強する時や、辞書を引いて、日本語の或《あ》ることばは、外国語ではなんと言うのかを調べる時は、この同じものが、言語が違えば別のことばで呼ばれるという、一種の信念とでもいうべき、大前提をふまえているのである。

ⓑ、ことばとものの関係を、詳しく専門的に扱う必要のある哲学者や言語学者の中には、④このような前提について疑いを持っている人たちがいる。私も言語学の立場から、いろいろなことばと事物の関係を調べ、また同一の対象がさまざまな言語で、異った名称を持つという問題にも取組んできた結果、今では次のように考えている。

それは、ものという存在が先《ま》ずあって、それにあたかもレッテルを貼るような具合に、ことばが付けられるのではなく、ことばが逆にものをあらしめているという見方である。

ⓒ言語が違えば、同一のものが、異った名で呼ばれるといわれるが、名称の違いは、単なるレッテルの相違にすぎないのではなく、異った名称は、程度の差こそあれ、かなりちがったものを、私たちに提示していると考えるべきだというのである。

この第一の問題は、哲学者では唯名論《ゆいめいろん》と実念論《じつねんろん》の対立として、古くから議論されてきているものである。私は純粋に言語学の立場から、唯名論的な考え方が、言語というもののしくみを正しく捉えているようだということを述べてみようというわけである。

私の立場を、一口で言えば、「⑤始めにことばありき」ということにつきる。

勿論始めにことばがあると言っても、あたりが(注1)空々漠々《くうくうばくばく》としていた世界の始めに、ことばだけが、ごろごろしていたという意味ではない。またことばがものをあらしめるといっても、ことばがいろいろな事物を、まるで鶏が卵を産むように作り出すということでもない。ことばがものをあらしめるということは、世界の断片を、私たちが、ものとか性質として認識できるのは、ことばによってであり、ことばがなければ、犬も猫も区別できない筈《はず》だというのである。

ことばが、このように、私たちの世界認識の手がかりであり、唯一の

5　高校三年の夏にサキヤと川で話したころ。

問八　傍線部⑤「夢に関する思考をぐるぐる巻きに梱包して、どっかに投げ捨てた」に使われている修辞法として最適なものを次の1から5より選びなさい。

1　直喩　　2　擬人法　　3　隠喩　　4　体言止め　　5　枕詞

問九　傍線部⑥「チカの現状を見れば少し安心できた」のはなぜか。最適なものを次の1から5より選びなさい。

1　チカが仕事を一生懸命頑張っている姿をみたから。
2　チカがファッション関係の仕事を辞めたいと言い出したから。
3　チカが今になってファッション関係とは違う職に就くと言い出したから。
4　チカが次のステップへ進んで頑張っていこうと決意しているから。
5　チカがやりたいことを見つけられずに自分と同じ状況にあるから。

問十　傍線部⑦「やっぱそんなもん」とはどういうことか。最適なものを次の1から5より選びなさい。

1　やりたいことなんて結局のところわからないということ。
2　ファッション関係の仕事は立ち仕事で大変だということ。
3　ファッションは仕事ではなくプライベートで楽しむべきだということ。
4　やりたいことと夢は一致させなければならないということ。
5　せっかく就職したのになぜ辞めてしまうんだろうということ。

【4】

鈴木孝夫「ことばと文化」の一部を読み、次の問に答えなさい。

考えてみると、私たちはなんとまあ数えきれないほど沢山のものに囲まれて生活していることか。

私がいま向っている机の上には、電気スタンド、タイプライター、灰皿、本、手紙、原稿用紙、ボールペン、消しゴム、ライター、鉛筆などが雑然とちらかっている。

引出しを開ければ、ここには細かい文房具、画鋲《がびょう》、鋏《はさみ》、鍵、ホチキス、ナイフ、名刺の束など何十種類もの品物が、［　①　］。

私が身につけているものだけでも、洋服、セーター、ネクタイ、ワイシャツ、靴下に始まって、眼鏡、腕時計、バンドなど、十指ではとうてい数え切れない。

この調子で、人間が作り出し、利用している製品の種類を考えてみると、見当もつかないほどの多岐にわたっていることが分る。

また②自然界には、何万という鳥類や動物の種類がいる。昆虫は何十万種とも言われるし、その上膨大な数の植物がある。そしてこれらはすべて固有の名称を持っているのだ。

名前がついているのは、ものだけではない。物体の動き、人間の動作に始まって、心の動きなどという、微妙なことにも、一々それを表わすことばがある。事物の性質にも、いや事物と事物の関係にさえ、それを表わす適切なことばが対応しているのだ。

こんな調子で、世界には、はたして何種類のもの（事物や対象）や、こと（動き、性質、関係など）が存在するのだろうかと考えてみると、気が遠くなるほどである。

しかもものやことの数、そしてそれに対応することばの数は、いま述

1　見下す。　2　避ける。　3　ねたむ。
4　仲間はずれにする。　5　ほめたたえる。

問二　傍線部Ｂ［いたたまれない］の意味として最適なものを次の1から5より選びなさい。

1　これ以上その場にはいられない。
2　板ばさみにあってつらい。
3　痛みに押しつぶされそうで逃げ出したい。
4　たまらなく恋しい。
5　それ以上何もしたくない。

問三　空欄［ⓐ］～［ⓔ］に当てはまる語の組み合わせとして最適なものを次の1から5より選びなさい。

1　ⓐ　つまり　ⓑ　しかし　ⓒ　きっと
　ⓓ　そして　ⓔ　とりあえず
2　ⓐ　きっと　ⓑ　そして　ⓒ　つまり
　ⓓ　とりあえず　ⓔ　しかし
3　ⓐ　そして　ⓑ　とりあえず　ⓒ　きっと
　ⓓ　つまり　ⓔ　しかし
4　ⓐ　きっと　ⓑ　しかし　ⓒ　そして
　ⓓ　つまり　ⓔ　とりあえず
5　ⓐ　そして　ⓑ　きっと　ⓒ　つまり
　ⓓ　とりあえず　ⓔ　しかし

問四　傍線部①［それ］が指す内容として最適なものを次の1から5より選びなさい。

1　サキヤの物事に対する意志の強さのこと。
2　周りは外人ばかりで言葉も通じないこと。
3　サキヤが川で話していた内容のこと。
4　サキヤが汗にまみれ土を掘っていること。
5　夢物語のようでばかばかしいということ。

問五　傍線部②［焦る気持ちが募っていくのだった］の理由として最適なものを次の1から5より選びなさい。

1　サキヤから精神的に追い詰められているから。
2　サキヤのことを追い詰め切れていないから。
3　サキヤと違いやりたいことが定まっていないから。
4　サキヤより貴重な遺跡発掘をしたいと考えているから。
5　サキヤが私を差し置いて抜け駆けしたから。

問六　傍線部③［下らない時間］とはどういう時間か。最適なものを次の1から5より選びなさい。

1　大学生活の目的を忘れてだらだらと学生生活を送る時間。
2　話のネタも作ることもできないような何一つ楽しみもない時間。
3　面倒になった大学の授業は数万円の価値を下らない時間。
4　ただその日を過ごすような何一つ目標もない下らない時間。
5　仲間内でわいわいと楽しむことのできるような下らない時間。

問七　傍線部④［あれから］とはいつからのことか。最適なものを次の1から5より選びなさい。

1　サキヤがギリシャで発掘作業をしていたころ。
2　大学での就職活動をしていたころ。
3　進路を決定する高校三年の夏のころ。
4　専門学校へ入学をしたころ。

何故、大学へ行くのだろうとある日考えたとき、何となく、としか言いようがなかった。遊ぶためかも知れない、そうかも知れないと、割に素直に自認してしまった。周りの人間も同じようなものだと分かっていたが、真面目にやってる人がいるということも知っていた。じゃあ自分も一生懸命な部類の人になろうかと思ったとき、真剣になれるものが一つもないことに気が付いた。

目標がないのがわかってしまうと、もう大学も面倒になった。それが普通じゃないと思えば不安も生じたが、意味もなく勉強したり予備校へ通ったりすることを無駄に思った。行こうと思えば行けた。けれど③下らない時間は過ごしたくなかった。ならば専門学校へ行こうと思い、調べながらいろいろな専門分野があるのを知った。スペシャリストを養成する場が専門学校だった。それは ⓒ 、その時点で自分の方向性を決めなければ学校の選択ができないということだった。カズキにはそれが見つけられなかった。結局は同じことだった。

十八歳で自分の将来を決定することが出来なかった。

「普通はみんな、そろそろ決めているものだぞ。お前もいい加減に決めないと。自分の将来のことだろう」

学校側は体裁としての進学を希望しているようだった。

周りの友人たちが簡単に決めすぎているようにも見えたし、自分が深刻すぎるようにも感じた。

「いいじゃないですか。何だって。何やってもいいと思います。オレはその何がわかんないから、ⓓ 働きます。そのうちそれを見つけます」

——④あれからもう三年たっていた。

カズキは『何』を探すことをやめていた。⑤夢に関する思考をぐるぐる巻きに梱包して、どっかに投げ捨てた。それきり漠然すぎる未来をあまりにも長い間放置していた。

このまま定年まであの工場で働いて、自分の一生は終わっていくのかも知れない。あと三十九年か。すげえな。

楽だからと言い切ってしまえば工場も悪くなかった。けれどもサキヤを見ているとBいたたまれない気持ちになった。(注2)茫漠《ぼうばく》たる不安がみるみると胸のなかに広がり、自分も走り出してみたくなるのだった。

やりたいことが見つからない。それはどんな言い訳をしても、ごまかしようのない事実だった。⑥(注3)チカの現状を見れば少し安心できた。ファッション関係が今になって違うと言い出した。何かを模索している。そんな彼女を見ていると、⑦やっぱそんなもんだよなって、同類項に会えた気分で胸をなでおろせた。ⓔ だからといって何かが始まるわけでもなかった。本当は自分が何をすべきか知りたかった。自分が何が好きかを探し出してみたかった。

(注)　1　サキヤ……遺跡に興味・憧れを持っており、ギリシャへ行くことを計画している。
　　　2　茫漠……ぼうっとして、はっきりしない。
　　　3　チカ……カズキの恋人。カズキの一つ年下。高校卒業後にファッション関係の専門学校へ進学した。

〔出典〕「ラジオ　デイズ」（鈴木清剛　河出書房新社　一九九八年より抜粋。また、一部ふりがなと注を加えた。）

問一　傍線部A〔蔑む〕の意味として最適なものを次の1から5より選びなさい。

【国語】（五〇分）〈満点：一〇〇点〉

【1】 次の一文と同じ意味になる熟語を、後の漢字1～0を組み合せて作りなさい。たとえば仮に「念朗」という熟語であれば「1」「2」の順番で［ア］［イ］にマークする。なお、同じ漢字を二度使うことはできないこととする。

問一　生活や行いのもとになるきまり。
問二　一つのことに集中すること。
問三　目に入る広い範囲。
問四　うれしい知らせ。
問五　制度やしくみをあたらしく変えること。

1 念　2 朗　3 律　4 視　5 革
6 界　7 報　8 規　9 専　0 改

【2】 空欄［①］～［⑤］に入るべき熟語を、後の漢字1～0を組み合せて作りなさい。たとえば仮に「常出」という熟語であれば「3」「2」の順番で［ア］［イ］にマークする。なお、同じ漢字を二度使うことはできないこととする。

問一　健康には〔 ① 〕の運動が必要である。
問二　この店の〔 ② 〕には有名人が多い。
問三　あたらしい機種を〔 ③ 〕する。
問四　内容は十分〔 ④ 〕できる。
問五　決勝戦に〔 ⑤ 〕する。

1 評　2 出　3 常　4 適　5 定
6 選　7 価　8 進　9 連　0 度

【3】 鈴木清剛「ラジオ　デイズ」の一部を読み、次の問に答えなさい。

高校を卒業してから工場で働いているカズキのアパートに、小学校時代の友人のサキヤが突然、「しばらく泊めてくれないか」と尋ねてきた。カズキは、サキヤが夢のために居候《いそうろう》生活をしながら貯金をしていることを知る。

カズキは(注1)サキヤが川で話していた内容を思い出していた。サキヤがギリシャの太陽の下で、汗にまみれ土を掘っている姿を想像した。色つきのリアルな映像を作り出すことが出来た。映像はいつか現実になっていくだろうと思った。昨晩の話からしても物事に対する意思の強さが感じられたし、サキヤなら必ずそう出来る、そうさせると思えてならなかった。［ⓐ］その反面で、サキヤをA蔑む気持ちがあった。

遺跡だが何だか知らないが、夢物語のようで馬鹿馬鹿しい。①それでどうすんだよ。［ⓑ］給料なんかも安くて毎日同じ生活の繰り返しで、周りは外人ばかりで言葉も通じないし、女のコもいなさそうだし。そんな所に行きたいのか？

カズキには恥ずかしくて夢なんて語れなかった。夢なんて言葉自体が自分の中で消滅している。そんなふうにサキヤを馬鹿にすることで、今の自分を守れる気がした。なのにすればするほど、②焦る気持ちが募っていくのだった。

自分のことを振り返っていた。

先行きを最後に考えたのは、高校三年生の進路を決定する夏のことだった。仕事や将来について考えるまでは、進学することが自分に敷かれたレールの一つだと、疑いもなく信じて止まなかった。

MEMO

大切なことはメモしておこうネ！

2023年度

解　答　と　解　説

《2023年度の配点は解答欄に掲載してあります。》

＜数学解答＞

[1]　(1) ア 6　(2) イ 9　(3) ウ 1　(4) エ 0　(5) オ 2　(6) カ 1

[2]　(1) ア 4　イ 2　ウ 6　(2) エ 4　オ 2　カ 2
(3) キ 2　ク 5　(4) ケ 1　(5) コ 1　サ 5　シ 2
(6) ス 3　セ 6

[3]　(1) ア 2　イ 6　(2) ウ 1　(3) エ 3

[4]　(1) ア 1　イ 1　(2) ウ 1　エ －　オ 1
(3) カ －　キ 2　ク 4　ケ 4　コ 2
(4) サ 2　シ 1　ス 0　セ 6

[5]　ア 3　イ 0　ウ 0　エ 8　オ 0　カ 0

[6]　(1) ア 8　イ 1　ウ 3　(2) エ 4　(3) オ 1　カ 0

[7]　(1) ア 4　(2) イ 1　ウ 4　(3) エ 1　オ 5　カ 6　キ 4

○配点○

[1]・[2]　各3点×12　[3]　各4点×3　[4]　(4)　各4点×2　他　各3点×4
[5]　各3点×2　[6]　(1)　各3点×2　他　各4点×2　[7]　各4点×3　計100点

＜数学解説＞

[1]　(数の計算，平方根)

基本　(1)　$3-6-(-9)=3-6+9=12-6=6$

(2)　$5^2-(-4)^2=25-16=9$

(3)　$0.5\times4-0.25\times4=2-1=1$

(4)　$-\frac{25}{36}+\frac{5}{6}\times\frac{4}{9}\div\frac{8}{15}=-\frac{25}{36}+\frac{5\times4\times15}{6\times9\times8}=-\frac{25}{36}+\frac{5\times1\times5}{2\times9\times2}=-\frac{25}{36}+\frac{25}{36}=0$

(5)　$\sqrt{8}+\sqrt{32}-5\sqrt{2}=2\sqrt{2}+4\sqrt{2}-5\sqrt{2}=\sqrt{2}$

(6)　$\frac{5\sqrt{5}}{9}\div\frac{3}{5}\div\frac{25\sqrt{5}}{27}=\frac{5\sqrt{5}\times5\times27}{9\times3\times25\sqrt{5}}=\frac{25\sqrt{5}\times27}{27\times25\sqrt{5}}=1$

[2]　(文字式の計算，因数分解，1次方程式，2次方程式，式の値)

(1)　$3(x^2+2x-3)+(x^2-4x+3)=3x^2+6x-9+x^2-4x+3=4x^2+2x-6$

(2)　$(4x-2)(x+1)=4x^2+4x-2x-2=4x^2+2x-2$

(3)　$x^2+3x-10=(x-2)(x+5)$

基本　(4)　$-2a+2=2a-2$　$-2a-2a=-2-2$　$-4a=-4$　$a=1$

(5)　$x^2-x-1=0$　解の公式を利用する。$x=\frac{-(-1)\pm\sqrt{(-1)^2-4\times1\times(-1)}}{2\times1}=\frac{1\pm\sqrt{5}}{2}$　$x=\frac{1\pm\sqrt{5}}{2}$

(6)　$a=-3$，$b=-2$のとき，$\dfrac{\sqrt{ab}}{b-a}+2\sqrt{ab}=\dfrac{\sqrt{(-3)\times(-2)}}{-2-(-3)}+2\sqrt{(-3)\times(-2)}=\dfrac{\sqrt{6}}{1}+2\sqrt{6}=\sqrt{6}+2\sqrt{6}=3\sqrt{6}$

[3]　(統計)

(1)　26人の中央値は13番目と14番目の平均。図1より13番目も14番目も26歳なので中央値は26歳

(2)　図1より出場国Aの最年少は21歳，②は正しくない。最年長は38歳，③は正しくない。したがって正しいのは①

(3)　この箱ひげ図から平均は読みとれないので1はわからない。範囲からわかるのは最大値と最小値の差だけなので，2もわからない。図2より③の最小値は25歳より小さいので4は違う。正しいのは3

[4]　(図形と関数・グラフの融合問題，合同，面積)

(1)　$y=x^2$と$y=2x-1$の交点がAなので，$x^2=2x-1$　$x^2-2x+1=0$　$(x-1)^2=0$　$x=1$　$y=1^2=1$　A(1，1)

基本　(2)　線分OAを，原点を中心に右回りに90°回転させたものが線分OBになると考える。△OABは直角二等辺三角形になり，BはAとx軸に関して対称な点になるのでB(1，−1)

(3)　Cは$y=x^2$の点で$x=-2$なので，$y=(-2)^2=4$　C(−2，4)　線分OCを，原点を中心に右回りに90°回転させたものが線分ODになると考える。Cからy軸に垂線をおろし，y軸との交点をEとする。Dからx軸に垂線をおろし，x軸との交点をFとする。OC＝OD，∠CEO＝∠DFO＝90°，∠COE＝∠COD−∠EOD＝90°−∠EOD＝∠EOF−∠EOD＝∠DOF　直角三角形の斜辺と1つの鋭角がそれぞれ等しいので△COE≡△DOF　よってCE＝DF＝2，EO＝FO＝4　D(4，2)

(4)　$CD^2=\{4-(-2)\}^2+(2-4)^2=6^2+(-2)^2=36+4=40$　$CD=\sqrt{40}=2\sqrt{10}$　直線CDの式を$y=mx+n$とおくと，Cを通ることから$-2m+n=4$…①，Dを通ることから$4m+n=2$…②　②−①より　$6m=-2$　$m=-\dfrac{1}{3}$　②に代入すると$-\dfrac{4}{3}+n=\dfrac{6}{3}$　$n=\dfrac{10}{3}$　直線CDの式は$y=-\dfrac{1}{3}x+\dfrac{10}{3}$　直線CD上にA′(1，3)をとる。$\triangle ACD=\triangle AA'C+\triangle AA'D=\dfrac{1}{2}\times(3-1)\times(1+2)+\dfrac{1}{2}\times(3-1)\times(4-1)=3+3=6$

[5]　(方程式の応用)

チーズ1個をx円，フランスパン1本をy円とすると，$10x+3y=5400$…①　$5x+4y=4700$…②　2倍すると$10x+8y=9400$…②×2　②×2−①より　$5y=4000$　$y=800$　①に代入すると$10x+2400=5400$　$10x=3000$　$x=300$　チーズ1個300円，フランスパン1本800円

[6]　(平面図形の計量)

(1)　正方形ABEFの面積が$64=8^2\text{cm}^2$なので，AB＝8cm　長方形ABCDの面積が104cm^2なので，AD＝104÷8＝13cm

基本　(2)　$\overset{\frown}{BF}$は，半径EF＝AB＝8，中心角90°のおうぎ形の弧なので，$\overset{\frown}{BF}=8\times2\times\pi\times\dfrac{90}{360}=4\pi\text{cm}$

やや難　(3)　FD＝AD−AF＝13−8＝5，$\overset{\frown}{FH}=5\times2\times\pi\times\dfrac{1}{4}=\dfrac{5}{2}\pi$，IJ＝GE＝FE−FG＝8−5＝3，$\overset{\frown}{HJ}=3\times2\times\pi\times\dfrac{1}{4}=\dfrac{3}{2}\pi$，KL＝IG＝GH−IH＝5−3＝2，$\overset{\frown}{JL}=2\times2\times\pi\times\dfrac{1}{4}=\pi$，MG＝GL＝GE−LE＝3−2＝1，$\overset{\frown}{LMK}=1\times2\times\pi\times\dfrac{1}{2}=\pi$　弧の長さの和$=4\pi+\dfrac{5}{2}\pi+\dfrac{3}{2}\pi+\pi+\pi=10\pi$

[7] （場合の数，確率）

(1) 表を○，裏を×で表す。S⇒②⇒③と進むのは1回目が(大，小)＝(○，×)で2回目が(×，×)または1回目が(×，○)で2回目が(×，×)の2通り。S⇒①⇒③と進むのは1回目が(×，×)で2回目が(○，×)または1回目が(×，×)で2回目が(×，○)の2通り。あわせて2＋2＝4通り。

(2) 2回目までのコインの○×の出方は(1回目の大，1回目の小，2回目の大，2回目の小)それぞれ○か×の2通りなので，全部で2×2×2×2＝16通り。その中でS⇒②⇒⑤となるのは(○，×，○，○)，(×，○，○，○)の2通り。S⇒③⇒⑤となるのは(○，○，○，×)，(○，○，×，○)の2通り。あわせて2＋2＝4通りなので，その確率は$\frac{4}{16}=\frac{1}{4}$

やや難 (3) ⑥にいるときから残りの3回についてコインの○×の出方を表すと(1回目の大，1回目の小，2回目の大，2回目の小，3回目の大，3回目の小)全部で2×2×2×2×2×2＝64通り。あと3回でちょうどGに止まるのは⑥⇒⑦⇒⑧⇒Gと進む(×，×，×，×，○，○)1通り，⑥⇒⑦⇒⑩⇒Gと進む(×，×，○，○，×，×)1通り，⑥⇒⑨⇒⑩⇒Gと進む(○，○，×，×，×，×)1通り，⑥⇒⑦⇒⑨⇒Gと進む(×，×，○，×，○，×)，(×，×，○，×，×，○)，(×，×，×，○，○，×)，(×，×，×，○，×，○)4通り，⑥⇒⑧⇒⑨⇒Gと進む(○，×，×，×，○，×)，(○，×，×，×，×，○)，(×，○，×，×，○，×)，(×，○，×，×，×，○)4通り，⑥⇒⑧⇒⑩⇒Gと進む(○，×，○，×，×，×)，(○，×，×，○，×，×)，(×，○，○，×，×，×)，(×，○，×，○，×，×)4通りと，あわせて15通り。したがってその確率は$\frac{15}{64}$

★ワンポイントアドバイス★

教科書レベルの問題が中心になるので，基本的な問題演習をしておこう。ただし，[7]のような数えあげる問題が出題されるので，ていねいに調べる力も要求されている。

＜英語解答＞

【1】 (1) ④　(2) ④　(3) ①　(4) ②　(5) ③　(6) ①　(7) ③
(8) ③　(9) ③　(10) ④

【2】 (11) ③　(12) ④　(13) ⑥　(14) ②　(15) ⑤　(16) ⑦　(17) ①

【3】 (18) ③　(19) ⑤　(20) ①　(21) ④

【4】 (22) ④　(23) ①　(24) ⑤　(25) ②　(26) ③

【5】 (27) ④　(28) ④　(29) ③　(30) ①

【6】 (31) ③　(32) ②　(33) ③　(34) ①　(35) ④

【7】 (36) ②　(37) ②　(38) ③　(39) ④　(40) ①

【8】 (41) ①　(42) ③　(43) ④　(44) ④　(45) ②

【9】 (46) ④　(47) ②　(48) ①　(49) ③　(50) ①

○配点○

各2点×50　　計100点

＜英語解説＞

基本 【1】（会話文）

(1) airplanes「飛行機」とあるので，airport「空港」が適切である。

(2) reading books「本を読むこと」と答えていることから，hobby「趣味」を尋ねていると判断できる。

(3) belong to ~「～に属する」

(4) この後で「何も理解できない！」と言っていることから，英語は私にとって difficult「難しい」とわかる。

(5) early in the morning「朝早く」

(6) person「人」

(7) summer vacation「夏休み」

(8) 「それに従う必要がある」ことから，rule「決まり」が適切である。

(9) 「私と一緒に来たいですか」とあることから，summer festival「夏祭り」が適切である。

(10) 「このあたりにレストランはありませんか」と尋ねているので，私は hungry「空腹な」が適切である。

【2】（語句選択問題：助動詞）

(11) Shall we ~?「～しませんか」という相手を誘う文になる。

(12) 未来の文は〈will ＋動詞の原形〉となる。

(13) at that time「そのとき」とあるので，can の過去形 could が適切。

(14) May I help you?「何かお探しですか」

(15) should「～すべきだ」

(16) Would you like ~?「～はいかがですか」

(17) 〈be going to ＋動詞の原形〉で未来の内容を表す。

基本 【3】（語句選択問題：進行形，命令文，現在完了）

(18) did を用いて答えているので，過去形の wrote が適切。

(19) 〈be動詞＋~ing〉で進行形となる。

(20) 命令文は動詞の原形から始める。

(21) 〈have ＋過去分詞〉で現在完了の文になる。

【4】（会話文）

(22) That sounds good.「いいですね」

(23) How much で値段を尋ねる英文となる。

(24) How's it going?「調子はどう」

(25) Here you are.「はい，どうぞ」

(26) May I speak to ~?「(電話で)～さんお願いします」 hold on「(電話を切らずに)そのまま待つ」

重要 【5】（語句選択問題：不定詞，分詞）

(27) 前の名詞を修飾する不定詞の形容詞的用法である。

(28) playing the piano on the stage は前の名詞を修飾する現在分詞の形容詞的用法である。

(29) 〈It is ~ for A to…〉「Aにとって…することは～だ」

(30) what to ~「何を～したらいいか」

【6】（長文読解問題・Eメール：要旨把握，内容吟味）

（全訳）

差出人：タカハシシン(shintakahashi@bmail.com)

宛　先：ジョンアンダーソン(johnanderson@bmail.com)

日　付：12 月12日

件　名：サイン会

こんにちはジョン，

Robot Bakers の小説を貸してくれてありがとう。とてもワクワクする話です。ロボットがケーキを焼いてパーティーを開くときが本当に好きでした。先週の日曜日に読んだ後，ぼくは弟を家の近くの本屋に連れて行きました。とても面白かったので，自分でも手に入れたくなりました。2番目のものも読みたいです。

昨日駅で友達を待っていると，Robot Bakers の新しい2冊目の本についてのポスターを見ました。ポスターには，12月18日から23日までの5日間，本のサインイベントがあると書いてありました。著者にサインしてもらいたいです。暇なら金曜日の放課後にイベントに行ってみませんか？　そこできみのお気に入りの作家を見ることができます。イベントのチケットが買えるよ。

きみの友人，シンより

差出人：ジョンアンダーソン(johnanderson@bmail.com)

宛　先：タカハシシン(shintakahashi@bmail.com)

開催日：12月13日

件　名：素晴らしいね！

こんにちはシン，

それを聞いてうれしいです。その小説はとても素晴らしいです。ぼくはきみと一緒にイベントに行きたいな。ぼくの兄はその小説と著者が好きです。30分きみを待たせてしまうと思います。放課後，音楽部のミーティングがあるんだ。その後，そのイベントを楽しみましょう。

また話そう，ジョンより

(31)　メールの Date「日付」を見ればよい。12月13日にメールを書いたのはジョンである。

(32)　シンのメールの第2段落第1，2文参照。駅で友達を待っているときにポスターを見たのである。

(33)　シンのメールの題が，「サイン会」となっていることから，そのイベントに関するメールである。

(34)　シンのメールの第1段落第1文参照。「小説を貸してくれてありがとう」とあることから判断できる。

(35)　ジョンのメールの第5文参照。「30分待たせてしまうかもしれない」とある。

基本 **【7】（会話文：要旨把握）**

2022年11月12日(土)

Ray　：何時に来る？　私は1時間あなたを待っています。私は駅のカフェテリアにいます。
私は6杯のコーヒーを飲みました。コーヒーでお腹がいっぱいだよ。(11：00)

Alan：ごめんね。今日は体調が悪いんだ。39.2℃の熱があるよ。私はそこに行くことができません。(11：10)

Ray　：わかりました。早く元気になることを願っているよ。次は，家を出る前に教えてくれる？(11：11)

Alan：わかりました，ごめんね。ひどい頭痛と喉と体の痛みがあるので，言うのを忘れたんだ。

今日は許してね。(11：30)

Ray ：もちろん。インフルエンザか何かにかかっている可能性があると思うよ。ご家族は大丈夫？(11：31)

Alan：うん，今のところ大丈夫だよ。(11：50)

Ray ：それはよかった。お大事にね。(11：51)

2022年11月13日(日)

Alan：あなたの言う通りだったよ。インフルエンザにかかっているんだ。今週は学校に行きません。薬を飲んで少し気分が良くなったよ。今，私の妹は39.4℃の熱があるんだ。彼女は泣いているよ。彼女を気の毒に思います。(11：00)

Ray ：お気の毒に。彼女は何歳？ (11：10)

Alan：彼女は5ヶ月前に生まれました。赤ちゃんには大変すぎるよ。良くなることを願っています。(11：15)

2022年11月15日(火)

Alan：助けて！ いま両親が病気なの。彼らの世話をすることができる人は誰もいません。料理ができる人は誰もいません。(11：00)

Ray ：あなたはできないの？ (11：10)

Alan：できません。私は料理をしたことがありません。どうしたらいい？ (11：12)

Ray ：こちらを確認して。https：//www.recipes-easy-to-cook.com
料理の仕方を学ぶことができるよ。調理が簡単で健康に良いものを見つけることができるよ。がんばって！ (11：15)

Alan：ありがとう！ 肉や野菜は冷蔵庫にあります。やってみるね！！(11：20)

(36) 11：00のメッセージの中に「1時間待っている」とあるので，10：00に駅に到着したとわかる。

(37) 11：10のメッセージで「体調が悪く，熱がある」と書かれている。

(38) 11月13日のメッセージで「5か月前に生まれた」とあるので，6月に生まれたとわかる。

(39) 11：15のメッセージで料理方法などを学べるウェブサイトを教えている。

(40) 11：20のメッセージで「やってみるよ」と言っていることから，昼食を作ろうとしていると判断できる。

基本【8】 (長文読解問題・説明文：適語補充)

(全訳) 太陽熱調理器は非常に便利である。その(41)重さはわずか500gだ。大きな本のサイズに折りたたむことができ，(42)持ち運びが簡単だ。それほど費用はかからない。それは(43)太陽の下で数時間で食事を作ることができる。

太陽熱調理器はボール紙とアルミ箔でできている。それは黒い調理鍋に日光を反射する。日光が鍋に当たって熱くなると，袋が熱を逃がさないようにする。それは温室のように機能する。鍋は水を沸騰させたり食べ物を調理したりするのに十分なほど(44)熱くなる。

太陽熱調理器は発展途上国で使用されることがある。調理器のおかげで，人々は燃料を集めるのに時間とエネルギーを費やす必要はない。また，(45)安全な水を飲んだり，調理済みの食品を食べたりできるため，多くの病気を予防する。太陽熱調理器は，環境に優しい発明以上のものだ。

(41) この後で重さが書かれているので weight「重さ」が適切。

(42) 大きな本のサイズになるため，「持ち運び」 carry が簡単になる。

(43)　太陽熱調理器なので「太陽」 sun の下で料理ができる。

(44)　「水を沸騰させたり食べ物を調理する」とあるので，「熱い」 hot が適切。

(45)　多くの病気を防げるとあるので，「安全な」 safe 水を飲めるとわかる。

重要【9】（長文読解問題・物語文：内容吟味，要旨把握）

（全訳）ジョンはパーティーでキャシーに会った。彼女は素晴らしかった。ジョンは彼女を追いかけていた多くの男性のうちの1人に過ぎず，彼はとても普通だったので，誰も彼に注意を払わなかった。

パーティーの終わりに，ジョンはキャシーを一緒にコーヒーを飲むように誘った。彼女は驚いたが，礼儀正しかったので同意した。彼らは素敵なコーヒーショップに座っていた。彼は緊張しすぎて何も言えなかった。彼女は居心地が良くなく「家に帰らせて」と思った。

彼らがコーヒーを飲みながら静かに座っていると，ジョンは突然ウェイターに「塩をくれませんか？」と尋ねた。誰もが彼を見た。誰がコーヒーに塩を入れるのか？　とても奇妙だ！　彼の顔は赤くなったが，それでも彼はコーヒーに塩を入れて飲んだ。キャシーは彼に「なぜそんなことをしたの？」と尋ねた。ジョンは「私が幼い頃，海の近くに住んでいました。塩辛いコーヒーの味と同じように，海の味が好きでした。今では，塩辛いコーヒーを飲むたびに，子供の頃と故郷のことをいつも思い出します。故郷が恋しいです。まだそこに住んでいる両親がいなくて寂しいです」と答えた。キャシーは深く感動した。それは心の底からの本音だった。彼女は「彼は良い人に違いない。彼は本当に家を愛し，家を気にかけ，家の責任を理解しているわ」と心の中で思った。それから彼女もまた，遠く離れた故郷，子供時代，そして家族について話し始めた。

それは本当に素晴らしい話であり，彼らの物語の美しい始まりでもあった。彼らはデートを続けた。キャシーは，ジョンが実際に彼女のすべての要求を満たす男であることを発見した。彼は暖かく，思いやりがあり，優しい心を持っていた。彼はとてもいい人で，彼女はほとんど彼を逃すところだった！

彼の塩辛いコーヒーのおかげで，彼らの物語は美しいラブストーリーのようだった。王女は王子と結婚し，それから彼らは一緒に幸せな生活を送っていた。そして，彼女が彼のためにコーヒーを作るたびに，それが彼がそれを好む方法であることを知っていたので，彼女はそれに塩を入れた。

40年後，ジョンは亡くなった。彼はキャシーに手紙を残した。

塩辛いコーヒーについて私があなたに言った嘘を許してください。初めてのデートでとても緊張しました。本当は砂糖が欲しかったのですが，塩と言いました。言葉を変えるのが大変だったので，そのまま進めました。何度も真実を話そうとしましたが，できませんでした。今，私は死にかけているので，私はあなたに真実を話しています。私は塩辛いコーヒーが好きではありません。なんて奇妙な，悪い味でしょう。しかし，私は一生塩辛いコーヒーを飲んでいます！　あなたと塩辛いコーヒーとの生活は私の最大の幸せです。もし私が二度目に生きることができれば，たとえ私が再び塩辛いコーヒーを飲まなければならなかったとしても，私はまだあなたを知り，私の全人生の間あなたといたいと思うでしょう。

キャシーの目から涙が落ち，手紙はとても濡れた。

ある日，誰かが彼女に「塩辛いコーヒーの味はどうですか？」と尋ねた。彼女は「甘いです」と答えた。

(46)　第1段落最終文参照。彼はとても普通だったので，誰も注意を払わなかったのである。

(47)　第2段落第1文参照。キャシーはジョンに誘われたのでコーヒーショップに行った。

(48)　第7段落第3文参照。実際は砂糖が欲しかったが，塩と言ってしまったのである。

(49)　第7段落第10文参照。キャシーと一緒の生活と塩辛いコーヒーは最大の幸せだと言っている。

(50)　塩辛いコーヒーは，ジョンとの幸せな日々を象徴するものだからである。

★ワンポイントアドバイス★

出題傾向が変更となり，読解問題の割合が高くなっている。速く正確に英文を読めるように，問題集を用いて様々な読解問題に触れるようにしたい。

＜国語解答＞

【1】　問一　8・3　　問二　9・1　　問三　4・6　　問四　2・7　　問五　0・5

【2】　問一　4・0　　問二　3・9　　問三　6・5　　問四　1・7　　問五　8・2

【3】　問一　1　　問二　1　　問三　5　　問四　4　　問五　3　　問六　4　　問七　3
問八　3　　問九　5　　問十　1

【4】　問一　4　　問二　1　　問三　1　　問四　2　　問五　1　　問六　1　　問七　3
問八　5　　問九　2　　問十　5

○配点○

【1】・【2】　各1点×20　　【3】　問一・問二・問八　各3点×3　　問三・問十　各5点×2
他　各4点×5　　【4】　問一・問七　各3点×2　　問六・問九・問十　各5点×3　　他　各4点×5
計100点

＜国語解説＞

【1】（二字熟語）

問一　「規律」は「きりつ」と読む。
問二　「専念」は「せんねん」と読む。
問三　「視界」は「しかい」と読む。
問四　「朗報」は「ろうほう」と読む。
問五　「改革」は「かいかく」と読む。

基本　【2】（二字熟語）

問一　「適度」は，ほどよいこと。
問二　「常連」は，常にその飲食店などにくる人たち。
問三　「選定」は，えらび定めること。
問四　「評価」は，優劣などの価値を判じ定めること。
問五　「進出」は，すすみ出ること。

【3】（小説―語句の意味，空欄補充，接続語，心情理解，内容理解，表現技法，表現理解）

問一　「さげす(む)」と読む。
問二　「いたたまらない」ともいう。
問三　ⓐ　空欄の前の事柄にあとの事柄を付け加えているので，累加の接続語が入る。
ⓑ　「きっと」は，確実に行われることを予測・期待する様子。　ⓒ　空欄の前の内容の説明や補足を空欄のあとでしているので，説明・補足の接続語が入る。　ⓓ　「とりあえず」は，さしあたって，という意味。　ⓔ　空欄の前後が逆の内容になっているので，逆接の接続語が入る。
問四　直前の段落からとらえる。

問五　「夢なんて語れなかった」「夢なんて言葉自体が自分の中で消滅している」というカズキの状況をとらえる。

問六　直前の「目標がない」「意味もなく勉強したり……無駄に思った」などに注目する。

問七　「十八歳で自分の将来を決定することが出来なかった」というのが，カズキの三年前である。

問八　目に見えない「思考」というものを，「ぐるぐる巻きに梱包して，どっかに投げ捨てた」と，目に見える物体であるかのように喩えて表現している。

やや難　問九　あとの「何かを模索している」から，チカがまだやりたいことを見つけられない状況であることがわかる。

重要　問十　「やっぱそんなもん」はここでは，やりたいことが見つからない，という状況を肯定する言葉である。

【4】（論説文―空欄補充，内容理解，接続語，指示語，要旨）

問一　「ぎっしり」は，物事が隙間なく詰まっている様子。

問二　「何万という鳥類や動物の種類」を含む「自然界」と対比されるものをとらえる。

問三　ⓐ　空欄の前の内容の具体例を空欄のあとで挙げているので，「たとえば」が入る。
ⓑ　空欄の前後が逆の内容になっているので，逆接の接続語が入る。　ⓒ　空欄の前後のことがらを並べているので，並立の接続語が入る。

問四　直後の内容に，2が合致している。

問五　指示語の指す内容を直前からとらえる。

問六　直後の段落の内容が，1に合致している。

問七　「具体的」は，直前にある「抽象的」の対義語である。

問八　直前の「人間側の要素，つまり，そこにあるものに対する利用目的とか，人との相対的位置」にあてはまるのは，選択肢の1～4である。5は，傍線部⑦の直後の「人間の外側に存在するもの」にあたるので，ここでの「条件」にはあてはまらない。

重要　問九　前後に注目。「渾沌とした，……世界に，人間の見地から，人間にとって有意義と思われる仕方で，……分類する」という内容が，2に合致している。

やや難　問十　文章の「世界の断片を，私たちが，ものとか性質として認識できるのは，言葉によってであ」る，という部分や，最後の一文の内容が，5に合致している。

★ワンポイントアドバイス★

二つの読解問題は，小説も論説文も細かい読み取りが必要とされ，時間内に的確に選択肢を選ぶ力が求められる。漢字，語句の意味などの知識問題も出題されているので，ふだんからいろいろな問題にあたり，基礎力を保持しておこう！

MEMO

大切なことはメモしておこうネ！

2022年度

★★★★★★★★★★★★★★★★★★★★★★★★

入　試　問　題

2022年度

東京実業高等学校入試問題

【数　学】（50分）　＜満点：100点＞

【注意】 ①　解答が分数になるときは，約分して答えて下さい。
②　比を答える問題はもっとも簡単なもので答えて下さい。

［1］　次の計算をし，□の中に適する数や符号を入れなさい。

(1)　$4+6\div(-3)=\boxed{\text{ア}}$

(2)　$2\times(-4)^2-5^2=\boxed{\text{イ}}$

(3)　$\dfrac{5}{8}\times\dfrac{7}{10}-\left(-\dfrac{9}{16}\right)=\boxed{\text{ウ}}$

(4)　$3.5\div(-7)+0.25\times6=\boxed{\text{エ}}$

(5)　$(-3-\sqrt{6})(-3+\sqrt{6})=\boxed{\text{オ}}$

(6)　$\sqrt{32}\times\dfrac{\sqrt{3}}{2}+\sqrt{54}=\boxed{\text{カ}}\sqrt{\boxed{\text{キ}}}$

［2］　次の□の中に適する数や符号を入れなさい。

(1)　$2(x^2+4x-1)-(x^2+3x-5)=x^2+\boxed{\text{ア}}x+\boxed{\text{イ}}$

(2)　$(7x-1)(x-1)=\boxed{\text{ウ}}x^2-\boxed{\text{エ}}x+\boxed{\text{オ}}$

(3)　$x^2-18x+81=(x-\boxed{\text{カ}})^2$

(4)　aについての１次方程式$a-8=7a-22$の解は$a=\dfrac{\boxed{\text{キ}}}{\boxed{\text{ク}}}$

(5)　xについての２次方程式$x^2-5x+5=0$の解は$x=\dfrac{\boxed{\text{ケ}}\pm\sqrt{\boxed{\text{コ}}}}{\boxed{\text{サ}}}$

(6)　$a=12$，$b=7$のとき，$a^2-3b^2=\boxed{\text{シス}}$

［3］　適当な大きさの正方形のマス（方陣）に数字を配置して，縦，横，斜めのどの線に沿って足しても，その合計が同じ数（一定の数）になる方陣を魔方陣という。□に適当な数を入れなさい。

図１のような３×３の正方形マスに-3，-2，-1，0，1，2，3，4，5の整数を１つずついれて魔方陣を完成させたい。

今，図１のように９つのマスに，$\boldsymbol{a}$～$\boldsymbol{i}$の９文字を並べて魔方陣が完成したとする。一定の数をXとすると，$\boldsymbol{a}+\boldsymbol{b}+\boldsymbol{c}=\mathrm{X}$，$\boldsymbol{d}+\boldsymbol{e}+\boldsymbol{f}=\mathrm{X}$，$\boldsymbol{g}+\boldsymbol{h}+\boldsymbol{i}=\mathrm{X}$が成り立つ。

$\boldsymbol{a}$	$\boldsymbol{b}$	$\boldsymbol{c}$
$\boldsymbol{d}$	$\boldsymbol{e}$	$\boldsymbol{f}$
$\boldsymbol{g}$	$\boldsymbol{h}$	$\boldsymbol{i}$

図１

$a+b+c+d+e+f+g+h+i=$ [ア] より，一定の数X＝[イ] が求まる。

次に，マスの中央の値 e を求める。縦，横，斜めのどの線を足しても一定の数Xになるので，$b+e+h=$ X，$d+e+f=$ X，$a+e+i=$ X，$c+e+g=$ Xとなる。これより，マスの中央の値はe＝[ウ]。ここで，e を除く８つの数で和が２になる組は（－３＋５），（－２＋４），（－１＋３），（０＋２）の４組である。この組を残りのマスに魔方陣になるように配置すればよい。

これより図２のように魔方陣が完成したとき，$a=0$ ならば $b=$ [エ]，$c=$ [オカ]，$h=$ [キク] となる。

0	[エ]	[オカ]
d	[ウ]	f
g	[キク]	i

図２

［４］ 図のように，放物線 $y=2x^2$ と x 軸に平行な直線 ℓ が２点A，Bで交わっているとき，次の問いに答えなさい。ただし，点Bの x 座標は２とする。

⑴ 点Bと原点Oを結ぶ直線の式は $y=$ [ア] x である。

⑵ ⑴で求めた直線と平行で点Aを通る直線の式は，$y=$ [イ] $x+$ [ウエ] である。

⑶ ⑵で求めた直線で，放物線と点A以外の交点をCとするとき，Cの座標は，（ [オ] ， [カキ] ）である。

⑷ 三角形ABCの面積は [クケ] である。

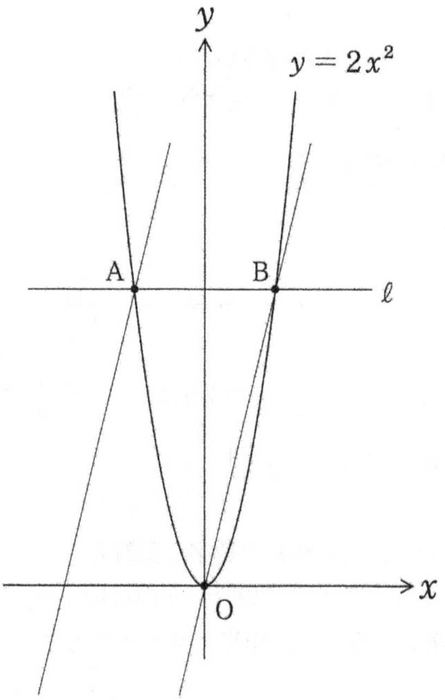

［５］ ある公園にはスタート地点とゴール地点が同じAコースとBコースの遊歩道がある。ひがし君とみのる君が同時にスタート地点を出発し，ひがし君がAコースを時速３㎞，みのる君がBコースを時速４㎞で歩いたところ，ひがし君はみのる君より50分遅れてゴール地点に到着した。別の日も同時にスタート地点を出発し，みのる君がAコースを時速４㎞，ひがし君がBコースを時速３㎞

で歩いたところ，ひがし君はみのる君より15分遅れてゴール地点に到着した。

それぞれのコースの長さは，Aコースは[ア]km　Bコースは[イ]kmである。

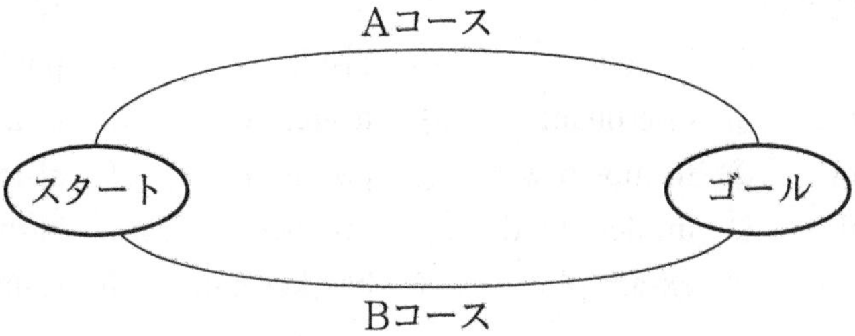

[6] 図のようにAB＝6，AC＝3，∠C＝90°である直角三角形ABCがある。

∠Aの二等分線と∠Bの二等分線の交点をOとすると，点Oを中心として△ABCの内側に接する円Oがかける。また，円Oと辺BCとの交点を点D，辺ACとの交点を点E，辺ABとの交点を点Fとする。このとき，OD⊥BC，OE⊥AC，OF⊥ABが成り立つ。
円Oの半径をrとするとき次の問いに答えなさい。

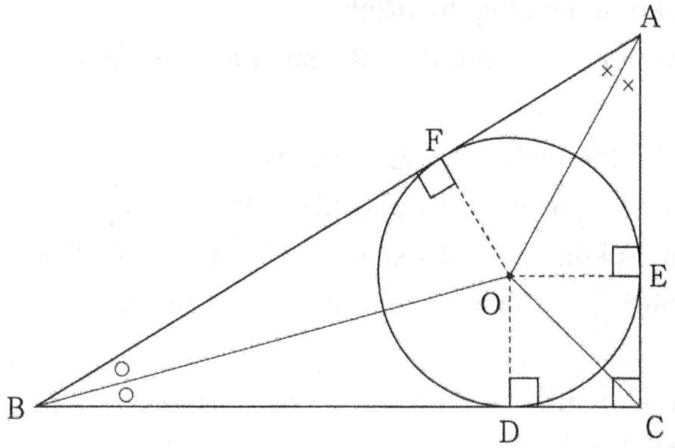

⑴　△ABCの面積は$\dfrac{\boxed{ア}\sqrt{\boxed{イ}}}{\boxed{ウ}}$である。

⑵　△OABの面積をrを用いて表すと[エ]rである。同様に△OAC＝$\dfrac{\boxed{オ}}{\boxed{カ}}r$，△OBC＝$\dfrac{\boxed{キ}\sqrt{\boxed{ク}}}{\boxed{ケ}}r$

である。

⑶　⑴，⑵から円Oの半径rは$\dfrac{\boxed{コ}\sqrt{\boxed{サ}}}{\boxed{シ}+\sqrt{\boxed{ス}}}$である。

[7] 1，2，3，4，5の数字が1つずっ書かれた5個の玉を袋に入れ，よく混ぜてから3個を同時に取り出すとき，次の問に答えなさい。

⑴　玉の取り出し方は[アイ]通りである。

⑵　取り出した3個の玉に書かれている数の和が10以上になる確率は，$\dfrac{\boxed{ウ}}{\boxed{エ}}$である。

【英　語】（50分）　＜満点：100点＞

【1】 次の各組の語の中に，第１音節（１番目の部分）を最も強く発音する語が１つあります。その語の番号を選びなさい。

(1)　①　pro-tect　②　be-low　③　di-vide　④　post-card
(2)　①　in-tro-duce　②　el-e-phant　③　to-geth-er　④　e-ras-er
(3)　①　as-sis-tant　②　to-mor-row　③　pop-u-lar　④　al-read-y
(4)　①　hos-pi-tal　②　un-der-stand　③　pi-an-o　④　ba-nan-a
(5)　①　com-put-er　②　ex-am-ple　③　bas-ket-ball　④　re-mem-ber

【2】 次の各文の（　）内に入る適当な語を下の①～⑤から選びなさい。文頭に来る語も小文字にしてあります。

(6)　I think it (　　　) be sunny tomorrow.
(7)　(　　　) we practice baseball after school ?
(8)　Excuse me, (　　　) you tell me the way to the park ?
(9)　You (　　　) be kind to old people.
(10)　(　　　) you like something to drink?
　①　shall　②　would　③　could　④　should　⑤　may

【3】 次の各文の（　）内から適当な語を選びなさい。

(11)　She is fond of (①　play　②　played　③　to play　④　playing) the piano.
(12)　I have been in Yokohama (①　since　②　for　③　from　④　of) a year.
(13)　This is a picture (①　take　②　took　③　taken　④　taking) in Okinawa last summer.
(14)　It is important (①　in　②　of　③　for　④　with) me to learn English.
(15)　I can't understand (①　why　②　who　③　what　④　where) he does such a thing.

【4】 次の各文に対する応答として適当なものを①～⑤から選びなさい。

(16)　You look sick.　What's wrong?
(17)　I'll buy a new watch for Father's Day.
(18)　Whose racket is this?
(19)　Would you like another cup of tea?
(20)　May I help you?
　①　It's mine.
　②　I'm looking for a shirt.
　③　Sure, it's over there.
　④　Yes, I would.
　⑤　I have a headache.

【5】 次の各組の文がほぼ同じ意味になるように，（　）内から適当な語を選びなさい。

(21) The boy is Tadashi.　He is talking with Yuria.
The boy （① talk　② talked　③ to talk　④ talking）with Yuria is Tadashi.

(22) He came to Tokyo in 2011.　He still lives in Tokyo.
He has lived in Tokyo（① since　② became　③ for　④ to）2011.

(23) Tadashi can speak English very well.　Yuria can speak English very well, too.
（① Both　② Either　③ So　④ When）Tadashi and Yuria can speak English very well.

(24) He got up so late that he couldn't eat breakfast.
He got up too late（① because　② of　③ to　④ with）eat breakfast.

(25) How do you play the guitar?　Please show me.
Please show me（① how　② what　③ when　④ where）to play the guitar.

【6】 次の各文の意味を表す語を下の語群①～⑦から選びなさい。

(26) many things are produced in this building
(27) many people get on or off the train at this place
(28) a book which is used by the students at school
(29) a small animal often kept as a pet in the house
(30) an insect with four wings often brightly colored.

【語群】 ① a hospital　② a butterfly　③ a beetle　④ a station
⑤ a cat　⑥ a factory　⑦ a textbook

【7】 次の英文を読んで，設問に答えなさい。

From : Yumi Murakami
To : Shin Koen
Date : December 2
Subject : My favorite thing

Hi Shin,

How are you? Do you enjoy your high school life every day? I visited Kyoto with my family last month. I bought Green tea to drink every day and as a gift for you because I like green tea very much. We have many kinds of tea. Japanese people enjoy drinking green tea, toasted tea, black tea and herbal tea. It is said that tea is good for our health. When I am tired, I drink green tea so that I can feel relaxed. When the season for fresh tea comes every year, I always buy fresh tea and drink it every day. Anyway, every trip, my family buys new green tea that was made in various parts of Japan. If I visit your country,

I'd like to buy tea made in your country. Can you tell me about good tea in your country?

Your friend,
Yumi

From : Shin Koen
To : Yumi Murakami
Date : December 3
Subject : In my country

Hi Yumi,

Thank you for answering my email. The final examination of the second term will start soon. I am staying up late every night these days. I hope to get a good score on the English test since we have been exchanging emails. I used to be poor at English but I feel like I have improved thanks to you.

In China, we have many kinds of tea like jasmine tea and oolong tea because we were the first to start the custom of tea drinking. My favorite tea is the tea called "shirobotan". This tea is easy to drink and has the aroma of the sweet-smelling flowers. Like you, I always drink tea every morning. Though it is only 300 years since Europeans first tried tea, the Chinese people have had it more than 4,000 years. If you come to my country, China, I'll take you to the cafe and then we can drink good Chinese tea there.

Your friend,
Shin

※ jasmine tea　ジャスミン茶　　※ oolong tea　ウーロン茶

(31) What does Shin do?
① She plants many kind of tea.　② She runs a cafe next to her high school.
③ She is a high school student.　④ She works for a company of making tea.

(32) What does Yumi do when she travels with her family?
① She makes tea.
② She buys green tea made in Japan.
③ She drinks new green tea every morning.
④ She buys fresh tea every year.

(33) What kind of tea does Shin like the best?
① She likes both jasmine tea and oolong tea.
② She likes green tea the best.
③ She likes the tea that is called "shirobotan".
④ She likes the green tea that she relaxes her.

(34) If Yumi comes to China,
① Shin will tell Yumi about good tea of China.
② Shin will tell Yumi how to get to the new cafe.
③ Shin will take Yumi to the cafe that sells green tea.
④ Shin will take Yumi to the cafe and then they can drink good tea in China there.

(35) What is true about the passage?
① Yumi bought a gift of Japanese green tea last month.
② Shin visited Kyoto with her family.
③ Yumi wants to get a good score on the English test.
④ Shin wants to buy tea made in China.

【8】 次の英文を読んで，設問に答えなさい。

Arthur: What happened? You look sad and hurt.

Ken: Yesterday, on my way home from college, I used the smartphone while I was riding my bicycle. I was watching some car accident video on the Internet. I kept my eyes on the smartphone. Then suddenly some women showed up and I hit them. I had a bicycle accident. Do you think it's funny?

Arthur: Not funny at all. It is too dangerous. You should feel lucky. Many people die by accidents every year. Do you think the stupid video is more important than your life? I'm glad you are fine. Were they okay?

Ken: No, they fell down and broke their arms. They went to the hospital. It cost $600 each. I have to pay it for each person. Could you lend me some money? You're my friend. Not all, but half of it.

Arthur: Sorry, I can't. I want to help you, but I don't have much money.
How about doing a part-time job?

Ken: Yeah, there is no choice. I will have to do that.

Arthur: I work at a hamburger shop on the 2nd floor of the sushi restaurant in front of the station. Do you want me to introduce you to the shop manager? I can send him an e-mail right now.

Ken: Yes, please.

Arthur: The manager said, "Come to the store on next Saturday at 10:00."

Ken: All right. Thanks a lot.

Arthur: It's going to be fun to work together.

Ken: Will you lend me your bicycle to go to the shop next Saturday?
My bicycle is broken. I will fix it next Sunday.

Arthur: Okay. Please look forward. Don't use the smartphone while you are riding my bicycle. It's expensive. Please give it back to me before Monday. I work on Monday evening.

Ken: Thank you very much. You're kind.

(36) What happened yesterday?

① Ken had a car accident. ② Arthur had a car accident.

③ The women were hit in an accident. ④ Arthur was hit in an accident.

(37) Why did Arthur say "You should feel lucky"?

① Because he was not dead.

② Because he could get a job.

③ Because his smartphone was not broken.

④ Because he could get a new bicycle.

(38) How much will Ken pay?

① \$300 ② \$600 ③ \$1,200 ④ \$1,500

(39) Where will Ken work at?

① The sushi restaurant ② The station

③ The car shop ④ The hamburger shop

(40) Which bicycle will Ken use to go to the shop on Saturday?

① His brother's bicycle ② His friend's bicycle

③ His bicycle ④ The new one

【9】 次の英文を読んで，後の問いに答えなさい。

One evening in December Hanako went to the theater with her parents to see the movie "Venom: Let There Be Carnage." It's a sci-fi movie and Hanako is a fan of the actor who acts as the main character. Hanako's father likes sci-fi movies and his friend told him to watch the movie because it's very amazing.

When they were just going out, a friend of Hanako's telephoned her because she wanted Hanako to return her notebook. Hanako answered, "I'm going to see the movie "Venom: Let There Be Carnage" with my parents. Before that I can meet you and return your notebook. Let's meet at the coffee shop in front of the library. I'll join my parents after that."

Hanako said to her parents, "I have to meet my friend to return her notebook. I'll meet you at the theater later." Her father said, "Come to the theater fifteen minutes before the movie begins."

When Hanako arrived at the theater, it was about fifteen minutes to six. Her parents were waiting for her near the entrance. They went into the hall together and took their seats. The movie began at six. As soon as it began, all the people stopped (A).

It was about eight when the movie was over. Hanako and her parents enjoyed the movie very much. Her father said, "It is the best movie that I have ever seen."

When they went out of the theater, it was raining hard. Her mother said, "According to the calendar, we have a full moon tonight, (B)If it were not raining now, I could see a beautiful moon. It's raining hard, so how about taking a taxi?" At that time Hanako told her mother to take a walk instead because taking a taxi wasn't as healthy. "Let's walk, mom." Then they hurried up to the station and decided (C) a train.

When they got on the train, they began to talk about the wonderful movie. They were very happy.

※ entrance 入口

(41) Hanakoは誰と何をしに行きましたか。

① She went to the theater with her friend.

② She went to the library to look for her notebook.

③ She went to the theater to watch a movie with her parents.

④ She enjoyed a cup of coffee with her parents.

(42) Hanakoはおよそ何時頃，映画館に到着しましたか。

① 5:15 ② 5:45 ③ 6:15 ④ 6:45

(43) Hanakoが映画館に到着した時，誰が待っていましたか。

① 両親 ② 父 ③ 友達 ④ 母

(44) Hanakoはその晩，どのように帰宅しましたか。

① バス ② 電車 ③ タクシー ④ 自転車

(45) （A）に入る適切な語を選びなさい。

① talks ② to talk ③ talked ④ talking

(46) 下線部(B)はどういう意味か。最も適切なものを選びなさい。

① 雨があがったおかげで，満月がきれいに見えた。

② 雨が降っていたが，きれいな満月を見ることができた。

③ 雨が降っているので，きれいな満月を見ることができない。

④ 雨が降っているが，丸い傘を持っていない。

(47) （C）に入る適切な語を選びなさい。

① takes ② to take ③ took ④ taking

(48) 英文の内容と合っているものを一つ選びなさい。

① Hanako's father thought the movie was boring.

② Hanako lent her notebook to her friend.

③ Hanako had to return a book to a library.

④ Hanako's father and mother could meet their daughter before watching the movie.

ら。

3 友だちという相手との意志の疎通を初めから望んでいないから。

4 友だちという相手を自分と異なる他人と見なしていないから。

5 友だちという相手と通じ合うためのヴォキャブラリーを持っていないから。

問五 傍線部⑤〔今日の独白社会〕とはどういう社会か。最適なものを次の1～5より選びなさい。

1 人と人との間で一方通行の言葉が行き交うだけのモノローグな社会。

2 人と人との間での豊かな対話が作り上げたダイアローグな社会。

3 人と人との間で言葉がきちんと繋がっているモノローグな社会。

4 人と人との間から必要な他者を生み出してきたモノローグな社会。

5 人と人との間で言葉が通じなくなり心が貧しくなったダイアローグな社会。

問六 傍線部⑥〔文明〕の対義語は何か。最適なものを次の1～5より選びなさい。

1 文化　2 未開　3 太古　4 開化　5 科学

問七 「⑦」に入る語句として最適なものを次の1～5より選びなさい。

1 言葉が足りない　2 言葉にならない

3 言葉を返す　4 言葉が過ぎる

5 言葉を信じる

問八 傍線部⑧〔そうした言葉〕とはどういう言葉か。最適なものを次の1～5より選びなさい。

1 コンビニやファストフードで向こうから一方的にやってくるマニュアルの言葉。

2 空談、清談、閑談などきちんと言葉に表された役に立たない大切な言葉。

3 メールやネットなどで人と人とを繋ぐことが出来なくなり貧しくなった言葉。

4 「どちらまで」「そこまで」「無用の用」など言葉に表せないが深い意味を含んだ言葉。

5 空談、清談、閑談など何の役にも立たないが独白のコミュニケーションを生み出す言葉。

問九 本文の主題として最適なものを次の1～5より選びなさい。

1 日常の言葉を大切にすることで豊かな独白が可能となる。

2 明確な言葉による対話が豊かな人間関係を生みだすわけではない。

3 個人が孤立し一人でいる独白社会では言葉は何の意味も持たない。

4 表された言葉に真剣に向き合うことで豊かな社会が生まれる。

5 何気ない言葉のやりとりの中で人のつながりは生まれる。

る」。「　⑦　」。「何と言っていいかわからない」。「無用の用」。あるいは、挨拶の言葉には、「どちらまで」「そこまで」というような、何の役にも立たないけれども、大切な言葉があります。

空談、清談、※閑談《かんだん》を楽しむ能力。必要な他者をつくりだしてきたのは、⑧そうした言葉によって伝えられてきたこころの持ちようだったはずです。

むかし「独白」にたいして、「複白」の必要ということが説かれたことがあります。「独白」がモノローグなら、「複白」は※ダイアローグのこと（『知恵の悲しみの時代』みすず書房、参照）。「複白」というのは、いい言葉だと思う。今日もっとも回復させなければならないのは、「複白」という相手のあるコミュニケーションではないでしょうか。尋《たず》ねられなければならないのは、言葉を信じられるものにするという言葉のあり方です。

〔出典〕長田弘「言葉はコミュニケーションの礎」『なつかしい時間』（岩波新書）より。一部ふりがなと注を加えた。

〔注〕名匠…すぐれた、名高い芸術家・職人・学者。
閑談…静かにのんびり話をすること。むだばなし。
ダイアローグ…対話。二人以上の人が取りかわす問答。

問一　傍線部①「何故、言葉については「たくみ」であることが信じられないか」の答えとして最適なものを次の1～5より選びなさい。

1　「たくみ」という言葉は「手」ではなく「言葉」にむすびつくとよくない言葉になってしまうから。
2　言葉というものは本来もっともコミュニケーションのかなめをなすべきものであるはずだったから。
3　言葉というものは簡単に信じないという態度を通じて健全な懐疑的な精神を深めることが出来るから。
4　言葉というものを信じるに足らない社会の方向になり上手に使うという態度には向かわなかったから。
5　「たくみ」という言葉はよい意味とよくない意味の二面性を持ち合わせている信じられない言葉だから。

問二　傍線部②「ヴォキャブラリー」の意味として最適なものを次の1～5より選びなさい。

1　ある範囲で使われる単語の集まり。
2　意思・感情・思考などを交換・共有する方法。
3　ある物事について人間が頭の中にもつ考えや意識。
4　感覚や記憶などによって、心の中に描き出される情景。
5　ある物事について、言葉を効果的に用いる技術。

問三　傍線部③「社会は豊かになった」とあるが、その結果生み出されたものは何か。最適なものを次の1～5より選びなさい。

1　「独りでいる」というあり方
2　健全な懐疑的な精神
3　空談、清談、閑談を楽しむ能力
4　相手のあるコミュニケーション
5　言葉を信じられるものにするという言葉のあり方

問四　傍線部④「友だちとは、言葉なんか必要としない」のはなぜか。最適なものを次の1～5より選びなさい。

1　友だちという相手を自分と切れている他人と見なしているから。
2　友だちという相手を自分にとって必要な他人と考えていないか

「たくみな」という言葉があります。「たくみ」というのはよい言葉なのです。たとえば、三省堂の大辞林（第二版）を引くと、最初にでてくるのは、「飛騨《ひだ》の匠」というように※名匠《めいしょう》という意味です。それから、「美しいものをつくりだすわざ」あるいは「考えをめぐらして見つけた方法、工夫」というような意味をもつものが「たくみ」です。「手際よくすぐれているさま」を言う言葉です。すなわち手を用いて優れている。上手で見事なのが「たくみ」です。

　そのよい言葉である「たくみ」が、「手」ではなく、「言葉」にむすびつくと、一転、よくない言葉になってしまいます。人が人を騙《だま》す事件があるとき、きまって使われる「言葉たくみに」という表現があります。言葉たくみにおびきだす、誘いだす、売りつける、騙《だま》す。口がうまいから、言葉でならどうとでも言えるまで。言葉ということでは、「たくみ」はよくないのです。①何故、言葉については「たくみ」であることが信じられないか。

　言葉というのは、本来は、もっともコミュニケーションのかなめをなすべきものだったはずです。ところが、言葉に対して、私たちの社会は、むしろ言葉というのは信じるに足らないという方向を向いてきて、言葉を上手に使うという態度を育てるという方向には向かわなかった。言葉を簡単には信じないというのは、信じていい一つの態度です。健全な懐疑的な精神は、そうした態度なしに深められません。

　しかし、言葉を信じないということをさんざんにやってきた結果、言葉を上手に使うということを、しないのではなく、できなくなってしまっているのではないか。少しの②ヴォキャブラリーしかもたなくなってきて、かわいい、むかつく、すげえ、うざい、といったように、僅《わず》かな言葉だけで精一杯自分を表し、伝えるというふうになっています。

③社会は豊かになったが、言葉はむしろ貧しくなった。言葉の貧しさを生むもの、そして言葉の貧しさが生むものは、必要な他者の欠落です。わたしたちのヴォキャブラリーには、自分という言葉はあっても、他分という言葉がない。あるのは、他人という、自分とは切れている存在を表す言葉です。反対に、自分とおなじである他人を表す言葉が、友だちであり、仲間です。他人とは、言葉が通じない。④友だちとは、言葉なんか必要としない。

　そういうあり方から生まれているのが、⑤今日の独白社会です。独白はモノローグ、独り言のことです。豊かな社会、⑥文明技術がわたしたちにもたらしたのは「独りでいる」というあり方です。わたしたちの社会は、「独りでいる」というあり方をどんどん日常につくりだしてきた社会です。一緒にそこにいても、「独りでいる」。高齢化。少子化。引きこもり、オタク。ホームレス。独身。離別。いずれも「独りでいる」社会の表情です。

「なじみ」「いつもの」がなくなった街。言葉が人と人を繋《つな》がなくなっている例が、コンビニやファストフードをはじめとする店のあり方。そして、メールやネットです。メールやネットがもたらしたのは、独白のコミュニケーションです。

　独白の言葉はいわば一方通行の言葉。他の人にとっては向こうから一方的にやってくる言葉。マニュアルの言葉はそうした独白の言葉の一種です。

　しかし言葉というのは、表された言葉と表せない言葉でできています。そして、表せない言葉に大きく深い意味がある。「万感胸にせま

問七　傍線部⑦〔父は最近おしゃべりになった〕から読み取れることとして最適なものを次の1～5より選びなさい。

1　父と息子の話題が母の病気になることが辛いためごまかそうとしていること。

2　息子に自分の本心を気付かれないようにごまかそうとしていること。

3　医者からの判断結果を正確に伝えきれずはぐらかそうとしていること。

4　医者からの重い診断があり息子に伝えることが辛くてごまかそうとしていること。

5　母から本当の症状を伝えぬように言われ息子には言えずにはぐらかそうとしていること。

問八　空欄 ⑧ に入る言葉として最適なものを次の1～5より選びなさい。

1　腹立たしいんだ　　2　気持ちがいいんだ

3　苦しいんだ　　4　うれしいんだ

5　寂しいんだ

問九　傍線部⑨〔ほんとうは訊《き》きたくない質問だった〕の理由として最適なものを次の1～5より選びなさい。

1　母の入院費がどのくらいになるのか想像できてしまうから。

2　父に回数券を買ってもらうことで出費させてしまうから。

3　母の病状が悪く退院できないことがわかってしまうから。

4　母の病気が重かったならば二度と帰宅できなくなってしまうから。

5　回数券の質問をすることで父を一層落ち込ませてしまうから。

問十　傍線部⑩〔知りたくて、知りたくなくて〕の心情として最適なものを次の1～5より選びなさい。

1　母が今後どのくらい入院するのか知りたいけれども、長期間であったならばショックを受けてしまうことを想像して知りたくないと思っている。

2　バスの定期券を何ヶ月購入する必要があるのか、その割引率によって今月のお小遣いが減額になってしまうのではないかと不安に思っている。

3　父が何ヶ月分の回数券を購入するかで家計に余裕があるか分かるが、無理をしてまでも数ヶ月の回数券を買わなければならないほどの母の症状なのか不安になっている。

4　回数券と定期券の使い方と価格の違いは知っていたが、父が息子の前で見栄を張ってしまい倹約をしないで余計な出費をしたらどうしようと困惑している。

5　母の退院が間近であると予想はしているが、回数券を使いきれずに余ってしまい期限切れで捨てなければならなくなったらもったいないと思っている。

問十一　少年がバスに乗っている時間帯はいつ頃だと考えられるか。最適なものを次の1～5より選びなさい。

1　未明　　2　夕方　　3　真昼　　4　夜中　　5　早朝

【5】　長田弘「言葉はコミュニケーションの礎」を読み、次の問に答えなさい。※印は文章の後に〔注〕があることを示す。

何が［だいじょうぶ］なのか。最適なものを次の1～5より選びなさい。

1 親とはべつに一人でバスに乗ること
2 一人でバスに乗って通塾すること
3 親とは一本時間をずらし一人でバスに乗ること
4 家族とバスに乗って離れて一人で座ること
5 同級生とバスに乗って離れて一人で座ること

問二 傍線部②［いままでの「一人」と今日の「一人」は違っていた］とはどういうことか。最適なものを次の1～5より選びなさい。

1 いままでは親と離れて乗っていたが、今日は親がいないということ。
2 いままでより行き先が遠く、降りる駅も料金も違うということ。
3 いままでは行きは親と一緒で、帰りは一人で乗っているということ。
4 いままでは親が隣に乗っていたが、今日は離れて座っているということ。
5 いままでは行き先がデパートだったが、今日は病院に向かっているということ。

問三 傍線部③［二人掛けのシートの肩の部分にある取っ手を、強く握り直した］から読み取れる少年の気持ちとして最適なものを次の1～5より選びなさい。

1 一人でバスに乗っているという体験に興奮し期待に胸を膨らませている。
2 家族でバスに乗っていた頃の情景を思い出しいとおしい気持ちに包まれている。
3 一人でバスに乗っている孤独感が強いため取っ手を握って紛らわしている。
4 バスの中でお金を落としても一人のため不安でいっぱいになっている。
5 初めて一人でバスに乗っている不安と母の病状を心配し緊張している。

問四 空欄 ④ に入る語として最適なものを次の1～5より選びなさい。

1 だらだら　2 ずるずる　3 でれでれ　4 もたもた
5 こまごま

問五 傍線部⑤［染めている］の表現技法として最適なものを次の1～5より選びなさい。

1 隠喩法　2 対句法　3 擬態語　4 体言止め
5 擬人法

問六 傍線部⑥［「だいじょうぶだよ」］とはどういうことか。最適なものを次の1～5より選びなさい。

1 お母さんの入院はそれほど長くないから安心しなさいということ。
2 回数券が残ったとしても損はしないから安心しなさいということ。
3 たまにはお父さんも一緒にバスに乗るから安心しなさいということ。
4 学校を休んでまで行くことはないから安心しなさいということ。
5 時には車で一緒に病院まで行くから安心しなさいということ。

⑦父は最近おしゃべりになった。なにをするにもいちいち声をかけてくるし、ひとりごとや鼻歌も増えた。

お父さんも［　⑧　］、と少年は思う。

回数券の一冊目を使いきる頃には、バスにもだいぶ慣れてきた。

「毎日行かなくてもいいんだぞ」

父に言われた。「宿題もあるし、友達とも全然遊んでないだろ？　忙しいときや友だちと遊ぶ約束したときには、無理して行かなくてもいいんだからな」――それは病室で少年を迎える母からの伝言でもあった。

母は自分の病気より、少年のことのほうをずっと心配していた。自転車でお見舞いに行きたくても、交通事故が怖いからだめだと言われた。バスで通っていても、病室をひきあげるときには必ず「降りたあと、すぐに道路を渡っちゃだめよ」と釘《くぎ》を刺されるのだ。

「だいじょうぶだよ、べつに無理してないし」

少年が笑って応《こた》えると、父は少し困ったように「まだ先は長いぞ」とつづけた。

「昼に先生から聞いたんだけど……お母さん、もうちょっとかかりそうだって」

「……もうちょっと、って？」

「もうちょっとは、もうちょっとだよ」

「来月ぐらい？」

「それは……もうちょっと、かな」

「だから、いつ？」

父は少年から目をそらし、「医者じゃないんだから、わからないよ」と言った。

二冊目の回数券が終わった。使いはじめるとあっけない。一往復で二枚ずつ――一週間足らずで終わってしまう。

まだ母が退院できそうな様子はない。

「回数券はバスの中で買えるんだろう。お金渡すから、自分で買うか？」

「……一冊でいい？」

⑨ほんとうは訊《き》きたくない質問だった。父も答えづらそうに少し間をおいて、「面倒だから二冊ぐらい買っとくか」と妙におどけた口調で言った。

「定期券にしなくていい？」

「なんだ、おまえ、そんなのも知ってるのか。」

「そっちのほうが回数券より安いんでしょ？」

定期券は一ヶ月、三ヶ月、六ヶ月の三種類ある。父がどれを選ぶのか、⑩知りたくて、知りたくなくて、「定期って長いほうが得なんだよね」と言った。

「ほんと、よく知ってるんだなあ」父はまたおどけて笑い、「まあ、五年生なんだもんな」とうなずいた。

「……何ヶ月のにする？」

「お金のことはアレだけど……回数券、買っとけ」

父はそう答えたあと、「やっぱり二冊ぐらい買っとくか」と付け加えた。

〔出典〕重松　清「バスに乗って」『小学5年生』（文春文庫）より。

一部ふりがなを加えた。

問一　傍線部①「だから、だいじょうぶだ、と思っていた」とあるが、ているヤツもたくさんいるんだから。

でも、②いままでの「一人」と今日の「一人」は違っていた。『本町一丁目』のバス停に立っているときから緊張で胸がどきどきして、おしっこをがまんしすぎたあとのように、下腹が落ち着かない。

やっとバスが来た。後ろのドアから乗り込んで、前のドアから降りる。手順はすっかり覚え込んでいるはずだったのに、整理券を取り忘れそうになった。

『本町一丁目』の整理券番号は7。運転席の後ろにある運賃表で確かめると、整理券番号19の『大学病院前』までは、子ども料金で百二十円だった。家族で買い物に行くときは、いつも17番の『銀天街入り口』で降りる。子ども料金は百円。四年生までは、バスに乗り込むとすぐに整理券を母に渡し、母が少年のぶんもまとめて運賃箱に小銭を入れていた。五年生になってからは、バスに乗る前に百円玉を一つ渡されていた。「落としても、お母さん、知らないからね」といたずらっぽく笑う母の顔を思いだした。③二人掛けのシートの肩の部分にある取っ手を、強く握り直した。

バスはスピードを上げたかと思うと、すぐにバス停に停まる。そのたびに少年は停留所の名前を確かめて、『大学病院前』まであといくつ、と頭の中で数字を書き換える。降車ボタンを押しそびれてはいけない。整理券をなくしてはいけない。運賃箱の前で［ ④ ］してはいけない。財布から取り出すときにお金を落としてはいけない。いまのうちに出しておこうか。百円玉を一つに、十円玉二つ——コインが一つから三つに増えただけで、握り込んだ手のひらに力をグッと込めないとお金が落ちそうな気がする。

バスは中州《なかす》のある川に架《か》かった橋を渡って、市街地に入る。西にかたむいた太陽が街ぜんたいを薄オレンジ色に⑤染めている。

次は大学病院前、大学病院前、と車内アナウンスが聞こえた。お降りの方はお近くのボタン押して……とつづく前に、ボタンを押した。急いで通路を前に進み、バスがまだ走っているうちに運賃箱のそばまで来た。

「停まってから歩かないと。」

運転手に強い声で言われた。「転んだらケガするし、他のひとにも迷惑だろ」　まだ若い運転手は、制帽《せいぼう》を目深《まぶか》にかぶって前をじっと見つめたまま、少年のほうには目も向けなかった。

数日後、父からバスの回数券をもらった。「十回分で十一回乗れるから、こっちのほうが得なんだ」——十一枚綴《つづ》りが、二冊。

⑥「だいじょうぶだよ」父はコンビニエンスストアの弁当をレンジに入れながら、少年に笑いかけた。「これを全部使うことはないから」

「ほんと?」

「ああ……まあ、たぶん、だけど」

足し算と割り算をして、カレンダーを思い浮かべた。再来週のうちに使いきる計算になる。

「ほんとに、ほんと?」

低学年の子みたいにしつこく念を押した。父は怒らず、かえって申し訳なさそうに「だから、たぶん、だけどな」と言った。

電子レンジが、チン、と音をたてた。

「よーし、ごはんだ。食べるぞっ」

【国　語】〈五〇分〉　〈満点：一〇〇点〉

【1】　傍線部のカタカナを漢字にしたものを1～5よりそれぞれ選びなさい。

問一　発言の主シを理解する。
　1　旨　2　視　3　誌　4　資　5　志

問二　ライバルに対コウ意識を燃やす。
　1　抗　2　行　3　坑　4　向　5　攻

問三　タン正な顔の造りだ。
　1　丹　2　嘆　3　淡　4　誕　5　端

問四　最新の情報をショウ介する。
　1　紹　2　詳　3　称　4　照　5　招

問五　あちこちでカン声があがる。
　1　乾　2　勧　3　歓　4　喚　5　感

【2】　熟語の構成として最適なものを後の1～5よりそれぞれ選びなさい。

問一　臨席
問二　地震
問三　濃淡
問四　清流
問五　到着

　1　上の字と下の字が反対の意味で並列する。
　2　上の字と下の字が似た意味で並列する。
　3　上の字が主語で下の字が述語の関係となる。
　4　下の字が上の字の目的語または補語となる。
　5　上の字が下の字を修飾している。

【3】　四字熟語の空欄に入る漢字を後の1～9よりそれぞれ選びなさい。

問一　鶏口牛〔　〕
問二　取〔　〕選択
問三　千載一〔　〕
問四　〔　〕田引水
問五　〔　〕言令色

　1　拾　2　我　3　好　4　鼻　5　捨
　6　巧　7　偶　8　後　9　遇

【4】　重松清「バスに乗って」の一部を読み、次の問に答えなさい。
※印は文章の後に〔注〕があることを示す。

生まれて初めて、一人でバスに乗った。

家族でデパートに買い物に行くときに、いつも使う路線だ。ものごころついた頃から、月に一度は乗っていた。五年生になってからは親と一緒にいるところを友だちに見られるのが嫌だったので、バス停でも車内でも、わざと両親と離れて――一人で乗っていた。

①だから、だいじょうぶだ、と思っていた。だいじょうぶじゃないと困るんだ、とも自分に言い聞かせていた。もう五年生の二学期なんだから。同級生の中には、バスどころか電車にも一人で乗って進学塾に通っ

MEMO

大切なことはメモしておこうネ!

2022年度

解　答　と　解　説

《2022年度の配点は解答欄に掲載してあります。》

＜数学解答＞

[1] (1) ア 2　(2) イ 7　(3) ウ 1　(4) エ 1　(5) オ 3
(6) カ 5　キ 6

[2] (1) ア 5　イ 3　(2) ウ 7　エ 8　オ 1　(3) カ 9
(4) キ 7　ク 3　(5) ケ 5　コ 5　サ 2　(6) シ －　ス 3

[3] ア 9　イ 3　ウ 1　エ 5　オ －　カ 2　キ －　ク 3

[4] (1) ア 4　(2) イ 4　ウ 1　エ 6　(3) オ 4　カ 3　キ 2
(4) ク 4　ケ 8

[5] ア 7　イ 6

[6] (1) ア 9　イ 3　ウ 2　(2) エ 3　オ 3　カ 2　キ 3　ク 3
ケ 2　(3) コ 3　サ 3　シ 3　ス 3

[7] (1) ア 1　イ 0　(2) ウ 2　エ 5

○推定配点○

[1]・[2]　各3点×12　[3]　各3点×6　[4]　各4点×4　[5]　各3点×2
[6]　(1)・(2)　各3点×4　(3)　4点　[7]　各4点×2　計100点

＜数学解説＞

[1]　(数の計算，平方根)

基本　(1)　$4+6\div(-3)=4-2=2$

(2)　$2\times(-4)^2-5^2=2\times16-25=32-25=7$

(3)　$\frac{5}{8}\times\frac{7}{10}-\left(-\frac{9}{16}\right)=\frac{5\times7}{8\times10}+\frac{9}{16}=\frac{7}{16}+\frac{9}{16}=1$

(4)　$3.5\div(-7)+0.25\times6=-0.5+1.5=1$

(5)　$(-3-\sqrt{6})(-3+\sqrt{6})=\{(-3)-\sqrt{6}\}\{(-3)+\sqrt{6}\}=(-3)^2-(\sqrt{6})^2=9-6=3$

(6)　$\sqrt{32}\times\frac{\sqrt{3}}{2}+\sqrt{54}=\frac{4\sqrt{2}\times\sqrt{3}}{2}+3\sqrt{6}=2\sqrt{6}+3\sqrt{6}=5\sqrt{6}$

[2]　(文字式の計算，因数分解，1次方程式，2次方程式，式の値)

(1)　$2(x^2+4x-1)-(x^2+3x-5)=2x^2+8x-2-x^2-3x+5=x^2+5x+3$

(2)　$(7x-1)(x-1)=7x^2-7x-x+1=7x^2-8x+1$

基本　(3)　$x^2-18x+81=x^2-2\times9\times x+9^2=(x-9)^2$

(4)　$a-8=7a-22$　$a-7a=-22+8$　$-6a=-14$　$a=\frac{14}{6}=\frac{7}{3}$

(5)　$x^2-5x+5=0$　解の公式を利用する。$x=\frac{-(-5)\pm\sqrt{(-5)^2-4\times1\times5}}{2\times1}=\frac{5\pm\sqrt{5}}{2}$

(6)　$a=12$，$b=7$のとき，$a^2-3b^2=12^2-3\times7^2=144-147=-3$

やや難 [3] (魔法陣)

$a+b+c=\mathrm{X}$…①, $d+e+f=\mathrm{X}$…②, $g+h+i=\mathrm{X}$…③　①+②+③は$a+b+c+d+e+f+g+h+i=3\mathrm{X}$　$3\mathrm{X}=-3+(-2)+(-1)+0+1+2+3+4+5=9$…ア　両辺を3でわって$\mathrm{X}=3$…イ　$b+e+h=\mathrm{X}$…④　$d+e+f=\mathrm{X}$…⑤　$a+e+i=\mathrm{X}$…⑥　$c+e+g=\mathrm{X}$…⑦　④+⑤+⑥+⑦は　$a+b+c+d+e+e+e+e+f+g+h+i=(a+b+c+d+e+f+g+h+i)+3e=4\mathrm{X}$　$3\mathrm{X}+3e=4\mathrm{X}$　$3e=\mathrm{X}=3$　$e=1$…ウ　$a+e+i=\mathrm{X}$　$a=0$とすると　$0+1+i=3$　$i=2$　③より$h=\mathrm{X}-g-i=3-g-2=1-g$　⑦より$c=\mathrm{X}-e-g=3-1-g=2-g$　①より$b=\mathrm{X}-a-c=3-0-(2-g)=1+g$　②より$d=\mathrm{X}-e-f=3-1-f=2-f$　$a+d+g=\mathrm{X}$より$0+2-f+g=3$　$g-f=1$　残った数の組み合わせから$(g, f)=(5, 4), (4, 3), (-1, -2), (-2, -3)$が考えられるが，$g=5$とすると$b=6$となり不適(6はない)，$g=-1$とすると$b=0$となり不適($a=b$となる)。$g=4$とすると$(a, b, c, d, e, f, g, h, i)=(0, 5, -2, -1, 1, 3, 4, -3, 2)$　$g=-2$とすると$(a, b, c, d, e, f, g, h, i)=(0, -1, 4, 5, 1, -3, -2, 3, 2)$　解答欄にあうのは$g=4$のとき。$b=5$…エ，$c=-2$…オカ，$h=-3$…キク

[4] (図形と関数・グラフの融合問題)

(1)　点Bは$y=2x^2$上の点で$x=2$なので$y=2\times2^2=8$　B$(2, 8)$　直線OBは原点を通る直線なので$y=mx$とおけ，Bを通ることから$2m=8$　$m=4$　$y=4x$

(2)　点Aはy軸に関して点Bと対称な点なのでA$(-2, 8)$　$y=4x$と平行で点Aを通る直線は$y=4x+n$とおけ，Aを通ることから$4\times(-2)+n=8$　$n=16$　$y=4x+16$

(3)　$y=4x+16$と$y=2x^2$の交点は$2x^2=4x+16$より，$x^2-2x-8=0$　$(x-4)(x+2)=0$　$x=-2$は点Aなので点Cは$x=4$　$y=2\times4^2=32$　C$(4, 32)$

重要 (4)　$\triangle\mathrm{ABC}=\frac{1}{2}\times(2+2)\times(32-8)=\frac{1}{2}\times4\times24=48$

[5] (方程式の応用)

Aコースの長さを$a$km，Bコースの長さを$b$kmとすると，$\frac{a}{3}=\frac{b}{4}+\frac{50}{60}$　両辺を60倍すると$20a=15b+50$　$4a-3b=10$…①　$\frac{a}{4}=\frac{b}{3}-\frac{15}{60}$　両辺を60倍すると$15a=20b-15$　$3a-4b=-3$…②　①×3は$12a-9b=30$　②×4は$12a-16b=-12$　①×3−②×4は$7b=42$　$b=6$　①は$4a-18=10$　$4a=28$　$a=7$　Aコースは7km，Bコースは6km

[6] (平面図形の計量，三平方の定理)

重要 (1)　$\triangle\mathrm{ABC}$は$\angle\mathrm{ACB}=90^\circ$の直角三角形なので三平方の定理により$\mathrm{BC}^2=\mathrm{AB}^2-\mathrm{AC}^2=36-9=27$　$\mathrm{BC}=3\sqrt{3}$　$\triangle\mathrm{ABC}=\frac{1}{2}\times\mathrm{BC}\times\mathrm{AC}=\frac{1}{2}\times3\sqrt{3}\times3=\frac{9\sqrt{3}}{2}$

(2)　$\triangle\mathrm{OAB}=\frac{1}{2}\times\mathrm{AB}\times\mathrm{OF}=\frac{1}{2}\times6\times r=3r$　3…エ　$\triangle\mathrm{OAC}=\frac{1}{2}\times\mathrm{AC}\times\mathrm{OE}=\frac{1}{2}\times3\times r=\frac{3}{2}r$　$\frac{3}{2}$…オカ　$\triangle\mathrm{OBC}=\frac{1}{2}\times\mathrm{BC}\times\mathrm{OD}=\frac{1}{2}\times3\sqrt{3}\times r=\frac{3\sqrt{3}}{2}r$　$\frac{3\sqrt{3}}{2}$…キクケ

やや難 (3)　$\triangle\mathrm{ABC}$の面積を2通りに表す。$\triangle\mathrm{OAB}+\triangle\mathrm{OAC}+\triangle\mathrm{OBC}=\triangle\mathrm{ABC}$　$3r+\frac{3}{2}r+\frac{3\sqrt{3}}{2}r=\frac{9\sqrt{3}}{2}$　$6r+3r+3\sqrt{3}r=9\sqrt{3}$　$9r+3\sqrt{3}r=9\sqrt{3}$　$3r+\sqrt{3}r=3\sqrt{3}$　$(3+\sqrt{3})r=3\sqrt{3}$　$r=\frac{3\sqrt{3}}{3+\sqrt{3}}$

[7] (確率)

(1)　$(1, 2, 3)$，$(1, 2, 4)$，$(1, 2, 5)$，$(1, 3, 4)$，$(1, 3, 5)$，$(1, 4, 5)$，$(2, 3, 4)$，$(2, 3, 5)$，$(2, 4, 5)$，$(3, 4, 5)$の10通り。

(2) 和が10以上になるのは(1, 4, 5), (2, 3, 5), (2, 4, 5), (3, 4, 5)の4通り。その確率は $\frac{4}{10}=\frac{2}{5}$

★ワンポイントアドバイス★

教科書レベルの問題が中心になるので，基本的な問題演習をしておこう。[1], [2]の計算問題でつまらないミスをしないよう，計算力を大切にしよう。

<英語解答>

【1】 (1) ④ (2) ② (3) ③ (4) ① (5) ③
【2】 (6) ⑤ (7) ① (8) ③ (9) ④ (10) ②
【3】 (11) ④ (12) ② (13) ③ (14) ③ (15) ①
【4】 (16) ⑤ (17) ③ (18) ① (19) ④ (20) ②
【5】 (21) ④ (22) ① (23) ① (24) ③ (25) ①
【6】 (26) ⑥ (27) ④ (28) ⑦ (29) ⑤ (30) ②
【7】 (31) ③ (32) ② (33) ③ (34) ④ (35) ①
【8】 (36) ③ (37) ① (38) ③ (39) ④ (40) ②
【9】 (41) ③ (42) ② (43) ① (44) ② (45) ④ (46) ③ (47) ②
(48) ④

○配点○
(35), (40) 各3点×2 (48) 4点 他 各2点×45 計100点

<英語解説>

基本 【1】 (アクセント)
(1) ④のみ第1音節，それ以外は第2音節。
(2) ②のみ第1音節，①は第3音節で，③，④は第2音節。
(3) ③のみ第1音節，それ以外は第2音節。
(4) ①のみ第1音節，②は第3音節で，③，④は第2音節。
(5) ③のみ第1音節，それ以外は第2音節。

【2】 (単語：助動詞)
(6) may「～かもしれない」
(7) Shall we ～?「～しませんか」
(8) Could[Would] you ～?「～していただけませんか」
(9) should ～「～すべきである」
(10) Would you like ～?「～はいかがですか」

重要 【3】 (語句選択問題：動名詞，現在完了，分詞，不定詞，間接疑問文)
(11) be fond of ～ing「～することが好きだ」
(12) 〈for ＋期間〉「～の間」
(13) taken in Okinawa last summer は前の名詞を修飾する分詞の形容詞的用法である。
(14) 〈It is ～ for 人 to …〉「…することは人にとって～だ」

(15) 〈why 主語＋動詞〉「なぜ…が～するのか」という間接疑問文になる。

【4】(会話文)

(16) What's wrong?「どうしたの」
(17) over there「向こうに」
(18) 〈whose ＋名詞〉「誰の～」
(19) Would you like ～?「～はいかがですか」
(20) May I help you?「(店で)いらっしゃいませ。ご用件をお伺いします」

重要 【5】(書き換え問題：分詞，現在完了，接続詞，不定詞)

(21) talking with Yuria は前の名詞を修飾する分詞の形容詞的用法である。
(22) 〈have[has] ＋過去分詞＋ since ～〉「～から(ずっと)…している」
(23) both A and B「AもBも両方とも」
(24) too ～ to …「…するには～すぎる／～すぎて…できない」
(25) how to ～「～の仕方，方法」

【6】(単語)

(26) 「多くのものがこの建物で作られる」＝「工場」
(27) 「多くの人がこの場所で電車に乗ったり降りたりする」＝「駅」
(28) 「学校で学生によって使われる本」＝「教科書」
(29) 「よく家の中でペットとして飼われている小さい動物」＝「猫」
(30) 「明るい色をした4枚の羽根がある昆虫」＝「蝶」

基本 【7】(長文読解問題・Eメール：要旨把握，内容吟味)

(全訳)

投稿者：ムラマミユミ
宛　先：シン・コーエン
日　時：12月2日
件　名：私の好きなこと

こんにちはシン，

お元気ですか。高校生活は毎日楽しんでいますか？先月，家族で京都を訪れました。私は緑茶がとても好きなので，毎日飲むために，そしてあなたへの贈り物として緑茶を買いました。お茶の種類も豊富です。日本人は緑茶，ほうじ茶，紅茶，ハーブティーを楽しんでいます。お茶は私たちの健康に良いと言われています。疲れた時は，ゆったりと過ごせるように緑茶を飲んでいます。毎年新鮮なお茶の季節になると，いつも新鮮なお茶を買って毎日飲んでいます。とにかく，旅行のたびに，私の家族は日本各地で作られた新しい緑茶を買います。もし私があなたの国を訪れたら，あなたの国で作られたお茶を買いたいです。あなたの国のおいしいお茶について教えてもらえますか？

あなたの友人
ユミ

投稿者：シン・コーエン
宛　先：ムラマミユミ
日　時：12月3日
件　名：私の国では

こんにちはユミ，

僕のメールに答えてくれてありがとう。まもなく2学期の最終試験が始まります。最近は毎晩夜更かしをしています。僕たちは電子メールを交換しているので，英語のテストで良い得点を取りたいと考えています。以前は英語が苦手でしたが，おかげさまで上達したと感じています。

中国では，ジャスミン茶やウーロン茶など，お茶を飲む習慣を最初に始めたので，多くの種類のお茶があります。僕の好きなお茶は「白牡丹」というお茶です。このお茶は飲みやすく，甘い香りのする花の香りがします。あなたと同じように，僕はいつも毎朝お茶を飲みます。ヨーロッパ人が初めてお茶を試してからわずか300年ですが，中国人は4000年以上も茶を飲んできました。あなたが僕の国，中国に来たら，あなたをカフェに連れて行きます。そして，僕たちはそこでおいしい中国茶を飲むことができます。

あなたの友人

シン

(31)　ユミから高校生活について尋ねられているので，高校生だとわかる。

(32)　ユミは家族旅行の時に，日本各地で作られた新しい緑茶を買うとある。

(33)　シンが最も好きなお茶は，「白牡丹」である。

(34)　もしユミが中国に行ったら，シンが中国茶を飲むためにカフェに連れて行ってくれる。

(35)　ユミは先月京都に行ったときに，シンへのお土産として緑茶を買った。

【8】（長文読解問題・会話文：要旨把握）

（全訳）　Arthur：何が起こったの？悲しそうで，傷ついているように見えるよ。

Ken　：昨日，大学帰りに自転車に乗っているときにスマホを使っていたんだ。僕はインターネットでいくつかの自動車事故のビデオを見ていたんだ。僕はスマホをじっと見ていたんだよ。すると突然何人かの女性が現れて，僕は彼女たちにぶつかってしまった。自転車事故に遭ったんだ。おかしいと思わない？

Arthur：全然面白くないよ。それはあまりにも危険だね。あなたはラッキーだと感じるべきだ。毎年多くの人が事故で亡くなっているんだよ。愚かなビデオが人生よりも重要であると思う？僕は君が元気でうれしいよ。彼女たちは大丈夫だった？

Ken　：いいえ，彼女たちは倒れて腕を骨折してしまった。彼女たちは病院に行ったんだ。それぞれ600ドルの費用がかかってしまったよ。僕は一人一人のためにそれを支払わなければならない。お金を貸してもらえるかな？君は友達だ。すべてではないけれど，その半分なんだ。

Arthur：申し訳ないけれど，できないよ。君を助けたいけれども，あまりお金を持ってないんだ。アルバイトをしてみたらどう？

Ken　：うん，選択の余地はないね。それをしなければならないな。

Arthur：僕は，駅前の寿司屋2階のハンバーガー屋さんで働いているよ。店長に紹介しようか？今，彼に電子メールを送ることができるんだ。

Ken　：うん，お願いします。

Arthur：店長は「来週の土曜日の10:00に店に来てください」と言っていたよ。

Ken　：大丈夫だよ。どうもありがとう。

Arthur：一緒に仕事をしたら楽しいことになるだろうね。

Ken　：来週の土曜日に自転車を貸してくれない？自転車が壊れているんだ。来週の日曜日にそれを修理するんだけれども。

Arthur：わかったよ。僕の自転車に乗っている間，スマートフォンを使用しないでね。それは高価なんだ。月曜日までに返してね。僕は月曜日の夜に働いているんだ。

Ken　：ありがとう。君は親切だよ。

(36)　昨日，Ken は自転車で何人かの女性にぶつかってしまったのである。

(37)　You should feel lucky の後で，「毎年事故で多くの人が亡くなっている」と言っていることから判断する。

(38)　1人600ドルかかり，複数の女性にぶつかったので，600の倍数になるはずである。

(39)　Ken は駅前の寿司屋の2階にあるハンバーガー屋で働く予定である。

(40)　Ken は自転車が壊れているので，Authur に自転車を借りてアルバイトに行くつもりである。

【9】（長文読解問題・説明文：語句補充，英文和訳，内容吟味，要旨把握）

（全訳）　12月のある晩，ハナコは両親と映画「ヴェノム：レット・ゼア・ビー・カーネイジ」を見に劇場に行った。SF映画で，ハナコは主人公を演じる俳優のファンだ。ハナコの父親はSF映画が好きで，友人からとてもすごいから観るようにと言われた。

二人がちょうど外出していたとき，ハナコの友人が，ハナコにノートを返してほしいという理由で電話をかけてきた。ハナコは「映画『ヴェノム：レット・ゼア・ビー・カーネイジ』を両親と一緒に観に行くんだ。その前に，あなたに会って，ノートを返すことができるよ。図書館の前の喫茶店で会おうよ。その後，両親と合流するよ」と答えた。

ハナコは両親に「ノートを返さなきゃ。後で映画館で会いましょう」と言った。彼女の父親は「映画が始まる15分前に劇場に来てほしい」と言った。

ハナコが映画館に着いたのは，5時45分頃だった。彼女の両親は入口の近くで彼女を待っていた。彼らは一緒に劇場に入り，席に着いた。映画は6時に始まった。始まるとすぐに，すべての人々は(A)話すのをやめた。

映画が終わったのは8時頃。ハナコと両親はこの映画をとても楽しんだ。彼女の父親は「今まで見た中で最高の映画だ」と言った。

彼らが映画館から出ると，激しい雨が降っていた。彼女の母親は「カレンダーによると，今夜は満月ね。(B)雨が降っていなければ，綺麗な月が見えたのに。激しい雨が降っているので，タクシーに乗るのはどう？」と言った。その時，ハナコは母に，タクシーに乗るのはそんなに健康的ではないから，代わりに歩こうと言った。「さあ歩こう，お母さん」それから彼らは急いで駅まで行き，電車に(C)乗ることにした。

電車に乗ると，彼らは素晴らしい映画のことを話し始めた。彼らはとても幸せだった。

(41)　ハナコは，図書館で友人にノートを返した後，両親と映画を見に行ったのである。

重要　(42)　fifteen minutes to six「6時まで15分」＝「5時45分」

(43)　ハナコが映画館に到着したとき，入口の近くで両親が待っていた。

(44)　駅まで歩き，その後電車に乗って帰ったとある。

(45)　stop の後は，動名詞のみを目的語にとり，「～するのを止める」という意味になる。

やや難　(46)　仮定法過去は，現在の事実とは反対のことを述べている。「雨が降っていなければ，綺麗な月が見えたのに」＝「雨が降っているので，綺麗な月が見られない」

(47)　decide は不定詞のみを目的語にとる。

(48)　ハナコの両親は，図書館にノートを返しに行ったハナコを映画館の入口で待っていたのである。そしてその後映画を3人で観たので④が適切。

★ワンポイントアドバイス★

単語や文法に関する問題の割合が比較的高くなっている。問題数が多いため，問題集を用いて様々なパターンの文法問題に触れるようにしたい。

＜国語解答＞

【1】 問一 1　問二 1　問三 5　問四 1　問五 3

【2】 問一 4　問二 3　問三 1　問四 5　問五 2

【3】 問一 8　問二 5　問三 9　問四 2　問五 6

【4】 問一 1　問二 1　問三 5　問四 4　問五 5　問六 1　問七 2
問八 5　問九 3　問十 1　問十一 2

【5】 問一 4　問二 1　問三 1　問四 4　問五 1　問六 2　問七 2
問八 4　問九 5

○配点○

【1】～【3】 各2点×15　【4】 問四・問五 各2点×2　他 各4点×9

【5】 問一・問二・問四・問七 各3点×4　問六 2点　他 各4点×4　計100点

＜国語解説＞

【1】 (漢字)

問一 「主旨」は，言説などの中心となる意味のこと。

問二 「対抗」は，相対して互いにはりあうこと。

問三 「端正」は，きちんとしていること。

問四 「紹介」の「紹」と「招待」の「招」を区別しておくこと。

問五 「歓声」は，喜びのあまり叫ぶ声。

基本 【2】 (二字熟語の構成)

問一 「席に臨む」と読める。

問二 「地が震える」と読める。

問三 「濃い」と「淡い」は対義語。

問四 「清い流れ」と読める。

問五 「到る」と「着く」は類義語。

【3】 (四字熟語)

問一 「鶏口牛後」は，小さい集団であってもその中で長となる方が，大きな集団の中でしりに付き従う者となるより良い，という意味。

問二 「取捨選択」は，悪いものや不用なものを捨て，良いものや入用なものだけを選び取ること。

問三 「千載一遇」は，千年に一回しかあえないようなめったにないこと。

問四 「我田引水」は，物事を自分の利益となるようにひきつけて言ったりしたりすること。

問五 「巧言令色」は，口先がうまく，顔色をやわらげて人を喜ばせ，こびへつらうこと。

【4】 (小説一内容理解，心情理解，空欄補充，表現技法，表現理解，主題)

問一 冒頭の「生まれて初めて，一人でバスに乗った」に注目。

問二 今までは親とバスに乗っても「わざと両親と離れて――一人で乗っていた」が，今日はたった一人で乗っているのである。

問三 問一・問二から，一人でバスに乗っている少年の不安がわかる。また，少年は母が入院している病院に行くところであることをふまえて考える。

問四 「もたもた」は，行動が機敏でない様子。

問五 「擬人法」は，人でないものを人に見立てて表現する技法。

問六 あとの「これを全部使うことはないから」に注目。

やや難 問七　問八と一緒に考える。父は，母のことが心配であり，寂しい気持ちもあるが，そのことを少年には見せないようにしている。

問八　父は，本当は母のことを心配しており，寂しい気持ちでいる。

問九　回数券を「一冊」買うということは，それだけ母の入院が長引くのが予想されるということである。

重要 問十　どの定期券を選ぶかで，母の入院期間が予想されてしまうということから考える。

問十一　「西にかたむいた太陽が街ぜんたいを薄オレンジ色に染めている」という表現に注目。

【5】（論説文一内容理解，語句の意味，対義語，空欄補充，指示語，要旨）

問一　直後の段落の内容が4に合致している。

問二　「語彙」のこと。

問三　傍線部③のあとと，直後の段落の内容から，1が正解である。

やや難 問四　直前の「自分とおなじである他人を表す言葉が，友だちであり，仲間です」に注目する。

問五　傍線部⑤のあとと，直後の二つの段落の内容から，1が正解である。

問六　「文明」は，文教が進んで人知の明らかなこと。「未開」は，文明がまだ開けていないこと。

問七　「表せない言葉に大きく深い意味がある」というものを選ぶ。

問八　指示語の指している内容を直前の段落からとらえる。

重要 問九　最後の三つの段落の内容に，5が合致している。

★ワンポイントアドバイス★

二つの読解問題は，細かい読み取りが必要とされる。時間内に的確に選択肢を選ぶ力が求められる。漢字，熟語の構成，対義語などの知識問題も出題されているので，ふだんからいろいろな問題にあたり，基礎力を保持しておこう！

2021年度

★★★★★★★★★★★★★★★★★★★★★★★

入　試　問　題

2021年度

東京実業高等学校入試問題

【数　学】 (50分)　　＜満点：100点＞

【注意】 ①　解答が分数になるときは，約分して答えて下さい。
②　比を答える問題はもっとも簡単なもので答えて下さい。

［1］　次の計算をし，$\boxed{}$ の中に適する数を入れなさい。

(1)　$-4-(-7)-3=\boxed{\text{ア}}$

(2)　$(-7)\times(-2)^2+6^2=\boxed{\text{イ}}$

(3)　$4^2\div(-2)^3\times(-3)=\boxed{\text{ウ}}$

(4)　$\dfrac{7}{4}\times\dfrac{9}{14}\div\dfrac{3}{8}=\boxed{\text{エ}}$

(5)　$(\sqrt{7}-2)(\sqrt{7}+2)-3=\boxed{\text{オ}}$

(6)　$\sqrt{2}-\sqrt{32}+\sqrt{18}=\boxed{\text{カ}}$

［2］　次の $\boxed{}$ に適する数や符号を入れなさい。

(1)　$(2x+1)(3x-2)=\boxed{\text{ア}}x^2-\boxed{\text{イ}}x-\boxed{\text{ウ}}$

(2)　$x^2-8x-9=(x-\boxed{\text{エ}})(x+\boxed{\text{オ}})$

(3)　2次方程式　$3x^2-6x+2=0$　の解は $x=\dfrac{\boxed{\text{カ}}\pm\sqrt{\boxed{\text{キ}}}}{\boxed{\text{ク}}}$

(4)　1次方程式 $\dfrac{3x-2}{2}-\dfrac{2x+1}{3}=\dfrac{1}{3}$ の解は $x=\boxed{\text{ケ}}$

(5)　$\dfrac{a}{2}=\dfrac{4}{3}$ が成り立つとき $a=\dfrac{\boxed{\text{コ}}}{\boxed{\text{サ}}}$

(6)　$x=\sqrt{3}+5$　のとき，$x^2-10x+25$ の値は $\boxed{\text{シ}}$ である。

［3］　同じ大きさの白色と黒色の碁石を下図のように順に並べて図形を作る。

(1)　5段並べるときに使う碁石の数の合計は $\boxed{\text{アイ}}$ 個である。

(2)　16段並べるときに使う白い碁石の数の合計は $\boxed{\text{ウエ}}$ 個である。

(3)　黒い碁石を36個使って図形を作るには，$\boxed{\text{オカ}}$ 段もしくは $\boxed{\text{キク}}$ 段積み上げればよい。
ただし，$\boxed{\text{オカ}} < \boxed{\text{キク}}$ とする。

(一段目)　　(二段目)　　(三段目)

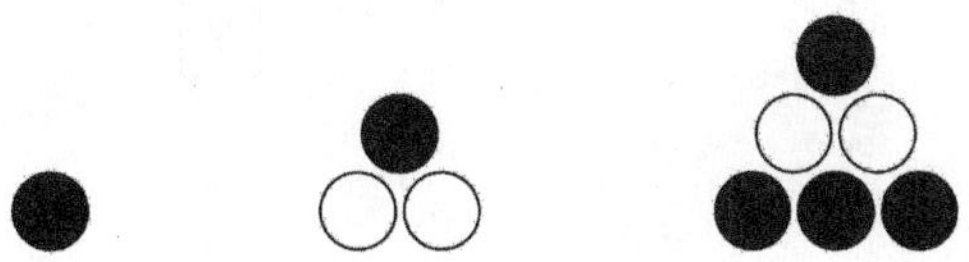

［4］ 2次関数 $y = ax^2$ が，点（3，18）を通るとき，次の問いに答えなさい。

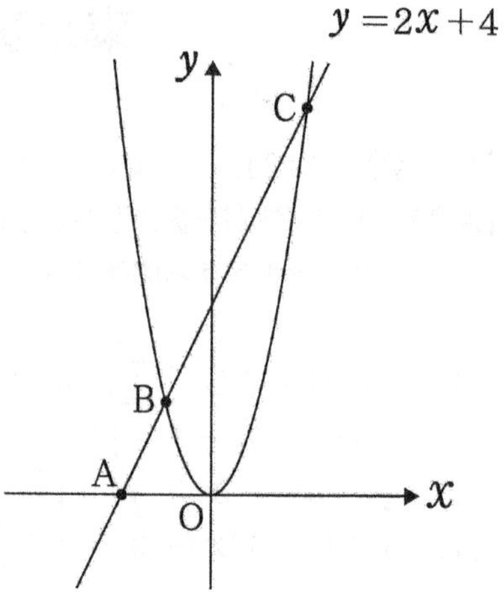

⑴ $y = ax^2$ は（3，18）を通ることから
$y =$ [ア] x^2 と表される。

⑵ $y = 2x + 4$ と x 軸との交点をAとすると，Aの座標は（[イウ]，[エ]）である。

⑶ この2次関数と $y = 2x + 4$ との交点を図のようにB，Cとする。それぞれの座標はB（[オカ]，[キ]），C（[ク]，[ケ]）である。

⑷ 点B，点Cから x 軸に下ろした垂線の足をそれぞれD，Eとする。

このとき，△ABDと△ACEの面積をそれぞれS_1，S_2とするとき，その関係は以下の式で表される。

$S_2 =$ [コサ] S_1

［5］ ある2桁の自然数は，10の位と1の位の数を足すと11になり，10の位と1の位の数を入れ替えてできる数はもとの数より63小さい。もとの自然数は [アイ] である。

［6］ 下の立方体の展開図で，頂点を表すアルファベットについて，Aならば①を，Bならば②を，Cならば③を，Dならば④を，Eならば⑤を，Fならば⑥を，Gならば⑦を，Hならば⑧を解答用紙にマークしなさい。

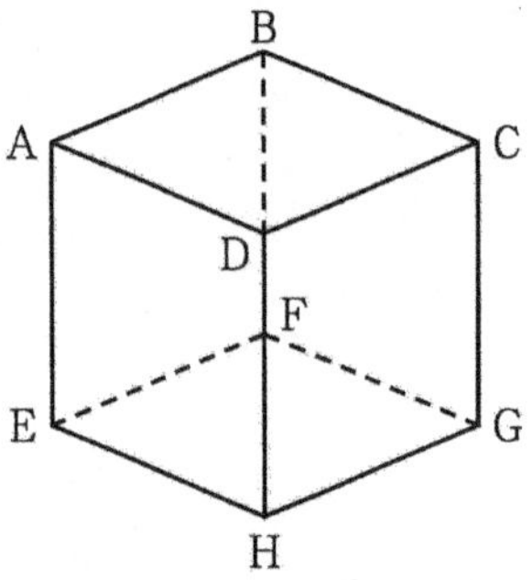

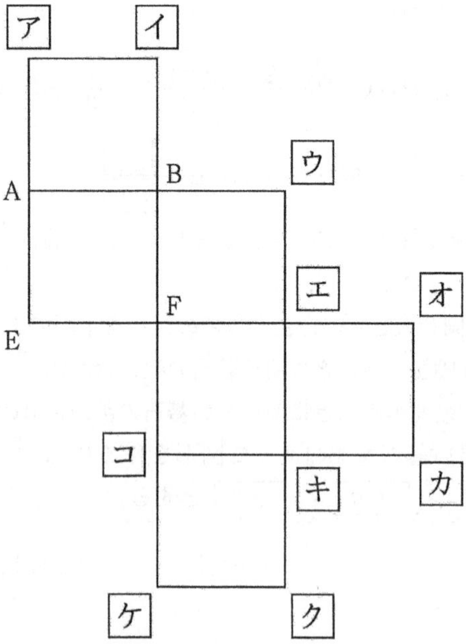

［７］ 大小２つのサイコロを同時に投げ，大きいサイコロの目を x，小さいサイコロの目を y とし，この目を用いて座標平面上に点Ｐ（x，y）を取る。

⑴ 点Ｐが $y=\frac{1}{2}x+1$ 上にある確率は $\frac{\boxed{ア}}{\boxed{イウ}}$ である。

⑵ Ａ（２，８），Ｂ（４，４）とし原点をＯとする。このとき，△ＯＡＢの内部に点Ｐがある確率は $\frac{\boxed{エ}}{\boxed{オカ}}$

ただし，辺の上の点も含めることとする。

【英　語】（50分）　＜満点：100点＞

【1】 次の各組の語の中に，第1音節（1番目の部分）を最も強く発音する語が1つあります。その語の番号を選びなさい。

(1)　① ar-rive　② at-tack　③ after-noon　④ post-card
(2)　① ill-ness　② be-tween　③ e-nough　④ re-ceive
(3)　① a-part-ment　② ex-pen-sive　③ vol-un-teer　④ trav-el-er
(4)　① an-y-way　② be-gin-ner　③ Ko-re-a　④ pa-ja-mas
(5)　① an-nounc-er　② com-put-er　③ in-ven-tion　④ in-ter-est

【2】 次の各文の（　）内に入る最も適当な語を下の語群から選び，番号で選びなさい。文頭に来る語も小文字にしてあります。

(6) “We don’t have much time.” “We (　　) hurry up.”
(7) “(　　) we go to the movies tonight?” “Yes, let’s.”
(8) “Excuse me, (　　) you tell me the way to the library?”
(9) “What (　　) he do then?” “He watched TV.”
(10) “What (　　) you going to do tomorrow?” “I will go shopping with my sister.”

≪語群≫ ① shall　② did　③ could　④ are　⑤ must

【3】 次の各文の（　）内から適語を選びなさい。

(11) These are birds (① see　② saw　③ seen　④ seeing) in Australia.
(12) I have lived in Okinawa (① since　② of　③ from　④ for) last year.
(13) We enjoyed (① to watch　② watching　③ watch　④ be watched) TV yesterday.
(14) It is interesting (① for　② of　③ in　④ with) me to learn English.
(15) Tadashi asked me (① who　② that　③ what　④ where) to get off the train.

【4】 次の各組の文がほぼ同じ意味になるように，（　）内から最も適当な語を選びなさい。

(16) I have an uncle. He lives in Yokohama.
I have an uncle (① live　② lived　③ to live　④ living) in Yokohama.

(17) Yuri became sick last week. She is still sick.
Yuri has (① be　② became　③ been　④ to be) sick for a week.

(18) Tadashi can swim very well. Yuri can swim very well, too.
(① Both　② Either　③ So　④ When) Tadashi and Yuri can very well.

(19) Mary writes a letter every week.
A letter is (① writes　② wrote　③ writing　④ written) by Mary every week.

(20) She plays the piano very well.
She is (① well　② good　③ better　④ best) at playing the piano.

【5】 次の各文の下線部の単語とほぼ反対の意味を持つ語を，下の語群から選び番号で答えなさい。

(21) We graduated from the same junior high school.

(22) I'm glad to meet you!

(23) Close your eyes and go to sleep.

(24) Her suitcase is very heavy.

(25) She bought an expensive dress yesterday.

≪語群≫	① light	② different	③ sad	④ poor	⑤ open
	⑥ cheap	⑦ easy			

【6】 次の各文の下線部の単語とほぼ同じような意味を持つ語を，下の語群から選び番号で答えなさい。

(26) I am going to move to Nagoya in the autumn.

(27) There is a forest over there.

(28) I wish you happiness.

(29) Your opinion is correct.

(30) Be quiet in the classroom.

≪語群≫	① hope	② dangerous	③ right	④ nearly	⑤ silent
	⑥ fall	⑦ woods			

【7】 次の英文を読んで，設問に答えなさい。

From: Kenta Okajima
To: Curt Cleveland
Date: April 5, 2020 19:32
Subject: Soccer game

Hi Curt!

How are you? It's your friend, Kenta. It has been two months since you came to our school as an exchange student. Do you like life in Japan? I have just eaten dinner and now I am writing an e-mail to you. I know you often play soccer in the park. I think you like playing soccer in your free time. In my free time, I enjoy playing the violin. When I am playing the violin, I feel relaxed. Have you ever played the violin?

Actually, I also enjoy soccer as well! My favorite team will have a game this Saturday and my cousin has three tickets. Do you want to go with us? It will be fun! We will eat sushi for dinner after the game and maybe go bowling, too.

Did you go to soccer games in England? I want to go to a soccer game in England some day. Anyway, please tell me if you can join us on Saturday!

Write back soon,

Kenta

From: Curt Cleveland

To: Kenta Okajima

Date: April 5, 2020 20:35

Subject: Good idea

Dear Kenta,

Thank you for sending your e-mail. I am good and I like living in Japan. I love playing and watching soccer, so I want to go! In England, people call it football, and my dad and I went to a game once a month. This will be my first time to watch a game in Japan. I' d like to buy a T-shirt and a towel of your favorite team. I' ll send them to my dad.

Also, playing the violin seems interesting! I have never played the violin. I am very interested in playing the violin. I want to try it!

See you soon,

Curt

---

(31) What does Kenta do in his free time?

① He enjoys playing the violin.

② He plays soccer in the park.

③ He eats dinner and writes an e-mail.

④ He wants to go to a soccer game in England.

(32) How often did Curt go to soccer games in England?

① Every day　② Once a week　③ Once a month　④ Once a year

(33) What does Curt want to buy?

① A soccer T-shirt and a towel　② A soccer T-shirt and a ball

③ A soccer cap and a book　④ A soccer game DVD

(34) Has Curt ever played the violin?

① Yes, he has.

② No, he hasn't.

③ Yes, he has played the piano before.

④ No. He has wanted to play soccer very well.

㉟ What is Kenta going to do this Saturday?

① He is going to play soccer with Curt.

② He is going to play the violin.

③ He is going to watch a soccer game.

④ He is going to buy a T-shirt and a towel for his cousin.

㊱ What will Kenta do after the soccer game?

① He will play soccer video games.

② He will play soccer.

③ He will play the violin.

④ He will eat sushi and go bowling.

【8】 次の英文を読んで，設問に答えなさい。

Alex : Hi!

June : Hi!

Alex : I want to watch a movie at the theater.
Do you want to come with me?

June : Sure.

Alex : Thanks.
No one will come with me.

June : Why? Are they busy?

Alex : Well, they don't want to get sick.
They are worried about the virus.

June : I see. My mom, too.
She always says,
"Wash your hands and gargle!"

Alex : I know. My mom, too
So, how about Saturday evening?

June : I have a piano lesson on Saturday.
How about the next day?

Alex : Sounds good.

June : Oh, wait!

Alex : What happened?

June : Actually, I don't have much money to see a movie.
But, I'll ask my mom for some money.

Alex : Okay.

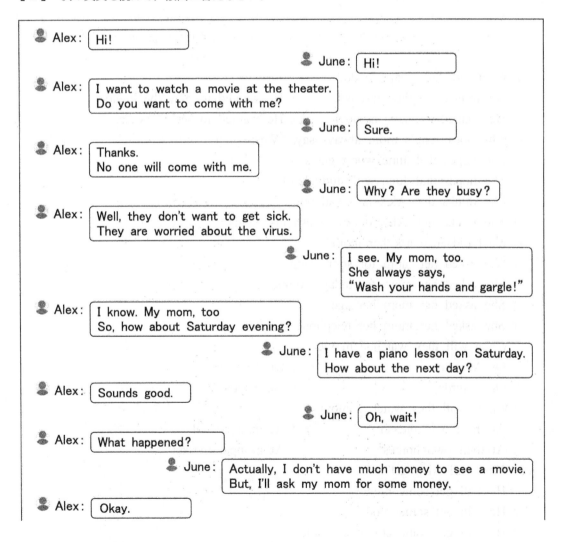

June: Alex, bad news.
My mom said, "What are you thinking?"
"Didn't you watch the news?"
"Don't go out when we don't have to."

Alex: Okay. I guess I will be alone.

June: I'm sorry.
How about this?
I will watch a movie on an app at my home and you will watch a movie on an app at your home.
We will talk on the phone after we watch a movie.
It is like a movie theater.

Alex: Sounds good.
I'll ask some friends.
I'll get some food.

（注） app　アプリケーションソフトウェア　アプリ　　virus　ウイルス　　gargle　うがいをする

(37) What did Alex want to do?
① He wanted to play baseball.　② He wanted to play the piano.
③ He wanted to make a movie.　④ He wanted to see a movie.

(38) Why does June's mom always say, "Wash your hands"?
① She hopes that June won't get sick.
② She hopes that June will study hard.
③ She thinks that Alex is a bad boy.
④ She thinks that Alex doesn't wash his hands.

(39) What did June ask her mom?
① She asked her mom for some money.
② She asked her mom for today's dinner.
③ She asked her mom her age.
④ She asked her mom her telephone number.

(40) When will they watch a movie?
① On Monday　② On Wednesday
③ On Saturday　④ On Sunday

(41) Where will they watch a movie?
① At the movie theater　② At their school
③ At their own homes　④ At a super market

(42) What will Alex get?
① He will get some money.
② He will get some food.
③ He will get some computer games.
④ He will get new smartphone.

【9】 Kenjiのプレゼンテーションを読み設問に答えなさい。

Hello, I'm Kenji. Today, I will talk about how to make your life better. I will ask you one question. When you wake up every morning, how do you feel? Do you feel comfortable, or do you feel uncomfortable? If you feel uncomfortable, I want to help you change your way of thinking.

Have you ever heard the words *1optimist and *2pessimist? An optimist is a person who has positive thinking, and a pessimist is a person who has negative thinking. When you wake up in the morning, do you expect that you're going to have an easy day or you're going to have a (a) day? If you normally think the day will be good, you may be an optimist, and if you usually think it will be bad, you may be a pessimist.

Research shows that *3optimism can have a strong positive effect on your health. It shows that optimists often live (b), get colds less often, and most of them don't suffer from heart disease very much. Optimists may even treat stress better than pessimists do.

If you think you may be a pessimist and would like to try to be more optimistic, *4pay attention to "self-talk." The word "self-talk" means the thoughts that come up in your mind all the time. For example, they are the ideas, worries, beliefs, and hopes that *5go through your mind when you're doing something such as driving, washing dishes, folding clothes and so on.

If your self-talk is negative, there are some things you can try. First, stop any negative self-talk. (c), you can be more positive. For example, if you think "I'm not good at giving presentations," you can change that to a question like, "How can I improve my presentation skills?" (d), think of yourself as a friend. You don't say unkind things to your friend, so don't say such things to yourself, too. Be kind to yourself, and your days will be easier.

*1 optimist：楽天家　*2 pessimist：悲観しがちな人　*3 optimism：楽観主義

*4 pay attention to：注意を払う　*5 go through your mind：頭をよぎる

(43) （a）に入る語として適切なものを次から選びなさい。

① different　② difficult　③ lovely　④ lucky

(44) （b）に入る語として適切なものを次から選びなさい。

① longer　② shorter　③ sadly　④ there

(45) What is "self-talk" in Japanese?

① 噂　② 翻訳機　③ 一対一の会話　④ 独り言

(46) （c）に入る語として適切なものを次から選びなさい。

① Anyway　② Before that　③ By the way　④ Instead

(47) （d）に入る語として適切なものを次から選びなさい。

① Carefully　② However　③ Second　④ Because of that

⒅ 下の英文をKenjiのアドバイスに従って考え方を変えた場合，最も適切な表現はどれか。

I cannot play the guitar well.

① I don’t want to practice it any more.

② Why is she good at playing it?

③ How can I develop my guitar skills?

④ Where can I find a good guitar?

か。最適なものを次の1～5より選びなさい。

1　ずるがばれるので新聞紙をくわしく見られたくなかったから。
2　こわかった肝だめしのいやな気持をすぐに忘れたかったから。
3　一番最初にやりとげたのに褒美が同じで腹立たしかったから。
4　思いつきではじめて一人満足している父が許せなかったから。
5　ひどい目に遭ったことの苦労をみんなと共感したかったから。

と。

4　母のお尻を見なければならないという強迫観念につきまとわれたこと。

5　母が尻尾を隠しているかも知れないという不安にたえず駆られること。

問三　傍線部③「束の間の幸福感」を言い換えた句として最適なものを次の1～5より選びなさい。

1　母が狐の化身でなかったことを確認した達成感

2　母のお尻を見る必要がなくなった解放感

3　母が姿を消さないで済むことをよろこぶ安心感

4　母と一緒にお風呂に入ることができる満足感

5　母のお腹から可愛い弟か妹が生まれてくる期待感

問四　傍線部④について、なぜ「母は困ったような顔をした」のか。最適なものを次の1～5より選びなさい。

1　泣き出しそうな顔をした虎雄に夫が怒り出すのが明らかだったから。

2　夫に睨みつけられて逃げるのを思い留まった治郎が心配だから。

3　思い立ったらあとへ引かない夫の怒りを鎮めるのは難しいから。

4　自分の提案に絶対の自信をもっている夫を説得しなければならないから。

5　意志のかたい夫の期待に虎雄が簡単にこたえられないことがわかっているから。

問五　傍線部⑤「父は物置の蔭で泣いているという虎雄兄さんに聞えるような大きな声でいった」から読み取ることができる父の心情として最適なものを次の1～5より選びなさい。

1　虎雄への情愛　　2　虎雄への失望

3　虎雄への怒気　　4　治郎への期待

5　治郎への激励

問六　傍線部⑥「新聞紙の前に立った時、私の心は不思議に落着いていた」のはなぜか。最適なものを次の1～5より選びなさい。

1　一歩一歩踏みしめて歩くことによって事物を冷静にとらえることができるようになったから。

2　八百屋の前を通り過ぎると道はまた月と星に照らされて気持があかるくなりほっとしたから。

3　八幡様の杉林を信太の森と信じるきっかけとなった菓子司の和泉堂がもう店を閉めていたから。

4　階段の上に白いものがうずくまっているのが悪い犬ではなく父が置いた新聞紙だとわかったから。

5　新聞紙には破られたりちぎられたりした跡がなく治郎兄さんより完璧に目的を果したから。

問七　傍線部⑦の「満足」はどういう満足か。最適なものを次の1～5より選びなさい。

1　肝だめしに一人も脱落しなかった満足。

2　虎雄が肝だめしをやりとげた満足。

3　自分の計画した肝だめしが成功した満足。

4　肝だめしによって家がまとまった満足。

5　また肝だめしができることがわかった満足。

問八　傍線部⑧「(治郎が)それをびりびりに破いてしまった」のはなぜ

返すことにした。私はしかしゆっくりと歩いた。本当をいうと駆《か》け出したかったのだが、そうすればますます恐ろしくなり、収拾《しゅうしゅう》のつかないような恐怖に陥《おちい》るだろうということが予想できたからである。

私の次に、夜学《やがく》から帰って来た、父の郷里《きょうり》から出て来て私の家で*書《しょ》生《せい》をしている鹿児島《かごしま》さんが行き、最後に虎雄兄さんが新聞紙の回収に行かされることになった。

虎雄兄さんは覚悟を決めて出て行った。虎雄兄さんが出かけてしばらくすると、雲が出たのか月が翳《かげ》り始めた。やがて虎雄兄さんは、真蒼《まっさお》な顔をして、新聞を持って戻って来た。もうその頃は、月は完全に姿を消し、月夜《つきよ》ではなくなってしまっていた。

父は虎雄兄さんから新聞を受け取ると、⑦満足そうにそれを、先陣《せんじん》の三人が運んで来た新聞の切れ端の上に置いた。そして母に、書斎机《しょさいづくえ》の抽《ひき》出《だし》からオランダ製のチーズを持って来るように命じた。

母が球型《きゅうけい》の赤い皮をかぶったエダム・チーズを持って来ると、父は褒《ほう》美《び》だといってそれにナイフを入れて、夏蜜柑《なつみかん》の一房位《ひとふさくらい》の大きさのかけらを一つずつ、鹿児島さん、虎雄兄さん、治郎兄さん、私の四人にくれた。

それから父は勉強するためか、赤い球型のチーズとナイフを持って書斎に引《ひ》き揚《あ》げて行った。

するとそれを待っていたように、治郎兄さんは、虎雄兄さんが最後に行って引き上げて来た新聞紙を取ると、

「ああ、ひどい目に遭《あ》ったよ」と小さな声でいって、⑧それをびりびりに破いてしまった。

（柏原兵三「幼年時代」『教科書名短篇　少年時代』（中公文庫）より。

一部ふりがなと注を加えた。）

〔注〕譚…ものがたり。

強迫観念…いくらうち消しても心につきまとって絶えず心にうかんでくる恐怖や不安。

唐紙…美しい色模様がついた紙。おもに、ふすま紙。

菓子司…和菓子店。

やにわに…どの場で、おどろくほど急に。

丹田…下腹部の、へその下にあたるところ。ここに力を入れると勇気をえるといわれる。

書生…明治・大正のころ他人の家に住みこみ、家事を手伝いながら勉学した人。

問一　傍線部①〔『信太の森』〕として最適なものを次の1～5より選びなさい。

1　昼でも薄暗い杉林に周りを取り囲まれた森。

2　父の姪の多鶴さんに本を読んでもらった森。

3　人間と結婚して子供までもうけた女狐が正体を知られて姿を消した森。

4　私の母がうっかり気を許して尻尾を出しているかも知れない森。

5　八幡様に行く道の途中にある小さな菓子司と同じ名前の森。

問二　傍線部②〔私の不幸〕とはどういうことか。最適なものを次の1～5より選びなさい。

1　母が狐の化身かも知れないという疑惑を頭に浮かべてしまったこと。

2　母が狐であることを兄たちに悟られる心配を抱えたこと。

3　母が姿を消してしまっているかも知れないという恐怖に苦しむこ

声でいった。

「虎雄兄さんに模範《もはん》を見せてやれ」

「はい」

いつの間に勇気を起したのか、治郎兄さんは元気よく出て行った。

私は縁側から空を見ていた。幸《さいわ》い月が皓々《こうこう》と照っていた。星もたくさん輝いている。この分なら道はそんなに暗くはないだろう。

「もう帰ってもいい頃だな」と父がいった時庭の裏木戸が開けられる音がした。治郎兄さんが走って来る足音が近づいて来る。治郎兄さんは死《しに》物狂《ものぐる》いで走って来たと見えて、縁側に着いてからも、はあはあいう息をなかなか止めることができない。

小さな紙っぺらを父に差出して、治郎兄さんは息せき切っていった。

「もっと、たくさん、ちぎって、来ようと、思ったんだけど、こわくて、こわくて、これしか、ちぎれなかったんです」

それは、端《はし》にちょっと活字があるので、ようやく新聞の切れ端であることが確認できるに過ぎない、小さな紙っきれだった。

「まあ、いいだろう」と父は満足そうにいった。

「さあ、今度は潔《きよし》の番だ」

「行って参ります」といって、私は立ち上った。

怕《こわ》いことは何も考えないことにしよう、と私は自分にいい聞かせながら、庭の裏木戸を出た。走ると怖くなるから、一歩一歩踏みしめるようにして歩くことにした。

角《かど》の八百屋の店先まで来た時、私は吻《ほっ》とした。その前だけ明るいからである。八百屋は店仕舞《みせじまい》を始めているところだった。包み紙に使った新聞紙の切れ端や野菜の残りを店員が掃《は》いていた。この新聞紙の切れ端を拾って帰っても見分けがつかないのではないかという考えが、私の頭をちょっとだけ掠《かす》めた。店員は私にまったく気づかなかった。

八百屋の前を通り過ぎると道はまた月と星に照らされるだけとなった。菓子司の「和泉堂」はもう店を閉めていた。やがて私の前方に、八幡様の杉林の黒い姿が現われた。葛の葉狐の不安に苛《さいな》まれていた時、私はこの杉の林を愚《おろ》かにも「信太の森」と信じていたのだ。あの強迫観念が私を襲わなくなってから、もうずいぶん長い時が経過していた。もうあの不安に苦しめられることはないだろう、と私は自信をもって考えることができた。

私は一歩一歩踏みしめながら、鳥居《とりい》を通って神殿への道を＊丹田《たんでん》に力を籠《こ》めて歩いて行った。階段の上に白いものがうずくまっているのが見える。悪い犬だったらどうしようか、と私は考えた。しかし近づいて行くうちに、それが犬ではないことが分った。それは新聞だった。父が置いて来た新聞紙だったのである。

⑥新聞紙の前に立った時、私の心は不思議に落着いていた。治郎兄さんがどうしてそんなに怖かったのか、分らなかった。私はたくさん破ろうと思って新聞紙を手にとった。神殿の軒《のき》についている電燈《でんとう》の光でよくみると、奇妙なことに新聞紙には破られたり、ちぎられたりした跡がまったくないことに、私は気がついた。

これはどうしたことだろう、と私は思った。治郎兄さんはどこをちぎったのだろう。ふと私の頭に、八百屋の店先で店員が野菜の残りと共に新聞紙の切れ端を掃いていた情景が浮かんで来た。その時犬の遠吠《とおぼ》えが聞えて来た。急に私は怖《おそ》ろしくなり、それ以上新聞をあらためることを打ち切り、自分の掌《てのひら》の大きさ位《くらい》を新聞からちぎり取ると、すぐに引きた。きものを着ていればうまく隠せる尻尾も、裸の時はきっと隠しようがないだろう、と思えたからである。しかし最後にどうしても堪《こら》え切れなくなって母のお尻を見てしまうのがきまりだ。そして母のお尻に絶対に尻尾のないことを確認して、私は③束《つか》の間《ま》の幸福感に浸《ひた》った。というのは風呂から上《あが》って母がきものを着てしまうと、私はまたもや母は着物の下に尻尾を隠しているかも知れないという強迫観念の虜《とりこ》になっていたからである……

◆

父の提案を聞いて、虎雄《とらお》兄さんは早くも泣き出しそうな顔をしていた。治郎《じろう》兄さんは、「嫌だなあ、僕は」といって逸早《いちはや》く茶の間から遁走《とんそう》しようとしたが、父に睨《にら》みつけられて、逃げるのを思い留《とど》まった。④母は困《こま》ったような顔をした。父が一旦《いったん》物ごとを思い立ったら絶対にあとへ引かないことを知っていたからである。

この胆だめしの最大の目的が、父がつけた名前を裏切って気の弱い泣虫の虎雄兄さんを鍛《きた》えてやろうという点にあることは、疑いなかった。だから虎雄兄さんがもし父の期待に叛《そむ》いたら、父はどんなに怒り出すか知れないのである。私は虎雄兄さんが勇気を出して父の期待に応《こた》えてくれることを心ひそかに願った。

父がその日の朝刊をゆかたのふところにつっこんで、庭先から下駄《げた》をつっかけて行ってしまうと、案《あん》の定《じょう》、虎雄兄さんはぐずつき出した。しかし母は相手にしない。そればかりか「ぐずぐずいわないで、男らしく勇気を出して行って来るんですよ」と珍しく厳しい声を出して叱《しか》った。

父が帰って来る足音が聞えたが、虎雄兄さんはまだめそめそしていた。庭の裏木戸《うらきど》から入って来た父は、自分の趣向に満足している機嫌のよい声で、「さあ、虎雄、行って来い」といった。虎雄兄さんは立ち上ろうとしない。

「何だ、お前、泣いているのか」と父は縁側《えんがわ》に腰をおろしていった。

「さあ、行ってきなさい」

父の声はもう大分《だいぶ》不機嫌である。父が怒り出さないうちに、早く覚悟《かくご》を決めて行けばいいのに、と私は心の中でひそかに思う。

「虎雄、行って来るんだ」

もう父の声は怒気《どき》を含んでいる。

やがて父は縁側に上《あが》ると、つかつかと虎雄兄さんのところへ近づいて行き、*やにわにその腕をつかんだ。

「さあ行って来るんだ」

そういって父は虎雄兄さんを引き立てるようにして連れ出した。

虎雄兄さんは泣きじゃくりながら庭から出て行った。

虎雄兄さんはなかなか戻って来なかった。いつまで経《た》っても戻って来ない。母が心配になって様子を見に行った。

やがて母が戻って来た。虎雄兄さんは物置の蔭《かげ》で泣いていたのだ。しかし母にあとでかならず行くことを約束したというのである。

「しようがない奴《やつ》だ」と父は吐き出すようにいった。――父親を早く失い、幼い弟妹を抱えた母親を助けて苦労した少年時代を送った父には、虎雄兄さんのすべてが歯がゆくてならないらしかった。それでことあるごとに父は虎雄兄さんの根性を鍛えようと試みるのであったが、大抵《たいてい》虎雄兄さんは父の期待を裏切ってしまった。

「治郎、お前は行けるだろうな」

⑤父は物置の蔭で泣いているという虎雄兄さんに聞えるような大きな

5　むずかしくてさっぱりわからないけれど、ほんとうのことかもしれない実話めいた読みものでは満足できないから。

問八　傍線部⑧「その姑も、そして夫も、じっくりいっしょに一トンの塩を舐めるひまもなく、はやばやと逝ってしまった。」の一文から読み取ることができる筆者の心情として最適なものを次の1～5より選びなさい。

1　姑と夫を理解するための時間がもっとほしかった。
2　姑と夫と苦労しながらもっと長くつきあいたかった。
3　姑と夫と過した日々を思い出してもっと悲しみたかった。
4　姑と夫のあたらしい面をもっと知って愉しみたかった。
5　姑と夫とうれしいことやかなしいことをもっと経験したかった。

【4】　柏原兵三「幼年時代」を読み、次の問に答えなさい。＊印は文章の後に〔注〕があることを示す。なお問一～三については◆印まで文章を読むこと。

ある夏の晩、父が胆《きも》だめしを計画した。

父が最初に行って、八幡《はちまん》様の神殿《しんでん》の正面の石の階段の上に、新聞紙を置いて来るから、そこへ兄弟が上から順に一人ずつ行って、行った証拠に新聞をちぎって来る、というのである。

その八幡様は、嘗《かつ》て私が①「信太の森」と思い込んだことのある、昼でも薄暗い杉林に周りを取り囲まれた古い社《もり》で、私の家からは、子供の足では、どんなに速く行っても往復十五分はかかった。

私がその杉林を「信太《しのだ》の森」と思うようになったのは、家に手伝い代りにいる父の姪《めい》の多鶴《たづ》さんから、「葛《くず》の葉狐《はぎつね》」の物語を本で読んでもらってからのことだった。人間の男と結婚して子供までもうけた女狐《めぎつね》が、正体を知られて姿を消してしまうというこの動物＊譚《たん》に、私の心は深く魅《み》せられたが、ふとした機会に、もしかすると私の母こそ葛の葉狐の化身《けしん》かも知れない、という疑惑を頭に浮かべてしまったのが、②私の不幸のそもそもの始まりであった。なぜかというとそれからずいぶん長い間その疑惑は＊強迫観念《きょうはくかんねん》となって私につきまとい、私の幸福を滅茶苦茶《めちゃくちゃ》にしてしまったからである。

私は母といると、よく母に気づかれないようにそっと母のうしろに廻《まわ》り、母のお尻を見た。もしかすると母がうっかり気を許して尻尾《しっぽ》を出しているかも知れない、と思われたからである。多鶴さんと散歩に出ると、帰って来て母がいるのを確認するまで不安だった。もしかすると母は兄たちに狐であることを悟られて、もう姿を消してしまっているかも知れない。そして＊唐紙《からかみ》か、障子紙《しょうじがみ》に、

恋《こい》しくば　尋《たず》ね来て見よ　和泉《いずみ》なる
信太の森の　うらみ葛の葉

というあの歌が書かれているかも知れない。

八幡様に行く道の途中にある小さな＊菓子司《かしつかさ》の名前が「和泉堂」というのだったのは、私にとっては不幸な偶然の一致だった。それを発見した時を期して、薄気味悪い、暗い杉林が「和泉なる信太の森」であることは間違いない、と信じられてしまったからである。

私の考えによれば、葛の葉狐であることを誰にも悟られない限り、母は姿を消さないで済む筈《はず》だった。だから私は、母と一緒にお風呂に入っても、母のお尻を見ないで、私の可愛《かわい》い弟か妹の生まれることになっている、既《すで》にふくらみを帯びて来ている母のお腹《なか》だけを見ていようと心し

より最適なものを選びなさい。

1　詩や小説のすじだけを知ろうとして読むのではなくどのように書かれているかを味わうようになるということ。

2　ずっと以前に読んだ本を読み返してみて前に読んだときとすっかり印象が違っていてうれしくおもうということ。

3　子供のときよく喧嘩した友人になにかのきっかけで深い親しみをもつようになるということ。

4　一トンの塩を舐めるように読み返した本がかけがえのない友人となっていっしょに成長するということ。

5　相手に対する受容度が高くあるいは広くなり別の考えかたや他人の気持が理解できるようになるということ。

問五　傍線部⑤について、学生のころ叙事詩『アエネイス』を読み〔感動もなにもなかった〕のはなぜか。次の1～5より最適なものを選びなさい。

1　本についての知識をてっとり早く入手することを目的として読んだから。

2　どんなふうに書かれているかを自分で把握する手間を省いて読んだから。

3　人生の経験がゆたかでなく読むための技術が十分でないのに読んだから。

4　ラテン語ができなかったので辞書をひくことなく翻訳で読んだから。

5　この詩人しか使わない形容詞や副詞や修辞法が多いことを知らずに読んだから。

問六　傍線部⑥〔「素手」でしか本を読めない自分をせつなかった〕とはどういうことか。次の1～5より最適なものを選びなさい。

1　読むための技術を身につけていないことを胸がしめつけられるようにつらく思っていたということ。

2　まずしい農家に生まれて小学校へ行けなかったことを胸がしめつけられるようにつらく思っていたということ。

3　むずかしい本を読むと意味がわからないことを胸がしめつけられるようにつらく思っていたということ。

4　フォトロマンゾを隠して読まなければならないことを胸がしめつけられるようにつらく思っていたということ。

5　息子の友人が作家になってから家に来なくなったことを胸がしめつけられるようにつらく思っていたということ。

問七　傍線部⑦〔大きなためいきを連発しながら、古い本棚から抜きだしてきた「小説」を読んでいることがあった〕について、姑はなぜ〔「ほんもの」の小説〕を読みつづけていたのか。次の1～5より最適なものを選びなさい。

1　すみずみまで理解しつくすことはむずかしいけれど、読み返すたびに新鮮なおどろきに出会うことができたから。

2　ほんとうはフォトロマンゾのロマンスめいた物語が好きだったけれど、そのことを隠したかったから。

3　こんなふうにもあんなふうにも読めてむずかしいけれど、息子の勤め先の書店で売っている本だったから。

4　映画俳優などの写真がたくさん載っているスキャンダル雑誌しか読まない隣人たちのようにはなりたくなかったから。

だよ」

夫がそういうと、姑は、勝手なことをいって、おまえのいうことなんてぜんぜん信用するものか、という顔をしたけれど、書店に出かける息子を送り出すときの彼女は、かがやいていた。

⑧その姑も、そして夫も、じっくりいっしょに一トンの塩を舐めるひまもなく、はやばやと逝《い》ってしまった。

（須賀敦子「塩一トンの読書」『塩一トンの読書』（河出文庫）より。
一部ふりがなと注を加えた。）

〔注〕姑…夫または妻の父。
襞…スカートや袴《はかま》などに、たたんでつけた折り目。また、そのように見えるもの。
抜粋…必要なところだけをぬきだすこと。
在…いなか。

問一　傍線部①「ひとりの人を理解するまでには、すくなくも、一トンの塩をいっしょに舐めなければだめなのよ」とはどういうことか。次の1～5より最適なものを選びなさい。

1　うれしいことやかなしいことをいっしょに経験しなければ、ひとりの人を理解することはできないということ。
2　たいへんな量の塩を舐めつくすほど長い長い時間をかけると、ひとりの人を理解することができるということ。
3　ひとりの人を理解するには、苦労しながら気が遠くなるほど長くつきあう必要があるということ。
4　気が遠くなるほど長くつきあっても、ひとりの人を理解しつくすことは難しいということ。
5　これから気が遠くなるほど長くつきあうにしても、新婚の日々をうわの空で暮らしてはいけないということ。

問二　傍線部②「古典とのつきあいは、人間どうしの関係に似ているかもしれない」とはどういうことか。次の1～5より最適なものを選びなさい。

1　理解しつくすことは難しいけれど古典は読み返すたびに新鮮なおどろきを与えつづけるということ。
2　理解しつくすことは難しいけれど古典は気が遠くなるほど長くつきあえばかならず理解できるということ。
3　長い時間かければ古典はそれまで見えなかった襞を少しずつ見せてくるということ。
4　長い時間かければ古典は新鮮なおどろきをともなって理解できるようになるということ。
5　長い時間かければ古典は相手を理解したいと思いつづける人間にだけ少しずつ開かれるということ。

問三　傍線部③「「本」は、ないがしろにされたままだ」とはどういうことか。次の1～5より最適なものを選びなさい。

1　読者の積極的な行為を本がだまって待っているということ。
2　本についての情報に読者があきれるほどめぐまれているということ。
3　いつのまにか読んだ本を読者が自分の経験にしているということ。
4　本の知識を読者がてっとり早く入手しているということ。
5　読者が部分の抜粋だけで本を読んだ気になっているということ。

問四　傍線部④「読み手自身が変る」とはどういうことか。次の1～5

と思えるくらい、読み手の受容度が高く、あるいは広くなった分だけ、あたらしい顔でこたえてくれる。それは、人生の経験がよりゆたかになったせいのこともあり、語学や、レトリックや文学史や小説作法といった、読むための技術をより多く身につけたせいのこともある。古典があたらしい襞を開いてくれないのは、読み手が人間的に成長していないか、いつまでも素手で本に挑もうとするからだろう。学生のころ、古典だからという理由だけのために、まるで薬でも飲むようにして翻訳で読み、⑤感動もなにもなかったウェルギリウスの叙事詩『アエネイス』を、ほとんど一語一語、辞書をひきながらではあってもラテン語で読めるようになって、たとえば、この詩人しか使わないといわれる形容詞や副詞や修辞法が、一行をすっくと立ちあがらせているのを理解したときの感動は、ぜったいに忘れられない。

「こんなふうにも読めるし、あんなふうにも読めるから、ほんとうはどういう意味なのかわからない。だから本はむずかしいのよね」

一トンの塩の話をしてくれた姑は、よく私たちにこういって、⑥「素手」でしか本を読めない自分をせつながった。ミラノを東に一〇〇キロほど行ったあたり、ブレーシャ市の*在《ざい》のまずしい農家に生まれて、小学校へもろくに行けなかった彼女は、それでも、しんそこ読書の好きな人だった。私がたずねて行くと、つくろい物をしていないときは、食事のあとクロスをとった、木目のみえる古いキッチンのテーブルいっぱいに本や新聞をひろげて、まるで片端から食べてしまいそうな勢いでつぎつぎと読んでいた。ほんとうは、フォトロマンゾ（日本語なら「写真小説」というところ）が好きだったのを、私の手まえはずかしがっていて、そのことをかくしていたから、私はながいことそれを知らなかったのだが、これは、センチメンタルなラブ・ストーリーや、離ればなれになっていた実の親子が再会するまでといったていの、いずれも安直にロマンスめいた物語が、安っぽい写真と手書きふうのキャプションで語られる、モノクロのグラビアで、ちゃんとした本屋には売ってなくて、街角のキオスクで毎週、新しいのを買う。

姑が「こんなふうにも読めるし、あんなふうにも読める」といって悩んでいたのは、このフォトロマンゾではなくて、息子の勤め先の書店で売っているような「ほんもの」の小説のことで、そのなかには、彼の友人で、まだ無名のころ姑のところにもよく食事にやってきた作家のエリオ・ヴィットリーニの、シュールとネオ・リアリズムが奇妙にまざった、そのころ、もてはやされた作品もあった。

「あんないい子なのに」と姑はまるで家に来なくなったヴィットリーニのことを思い出してよくいった。「書くものは、むずかしいばかりで、さっぱりわからない」

わからないといいながらも、姑は読むことそのものが好きなので、昼食のあと、息子がちょっと横になりに寝室に行っているあいだなど、⑦大きなためいきを連発しながら、古い本棚から抜きだしてきた「小説」を読んでいることがあった。フォトロマンゾや小説類はむさぼるように読んでいた姑だったが、映画俳優や王家の人たちやプレイ・ボーイの写真がたくさん載っている、鉄道官舎の彼女の隣人たちがまわし読みにしているたぐいのスキャンダル雑誌を、彼女はけっして読まなかった。ほんとうのことかもしれないような話は、うそかもしれないから、おもしろくないのよ、といって。

「こんなふうにも読めるし、あんなふうにも読めるから、いい小説なんときのように、「一トンの」という塩の量が、喩えのポイントになったりした。

　文学で古典といわれる作品を読んでいて、ふと、いまでもこの塩の話を思い出すことがある。この場合、相手は書物で、人間ではないのだから、「塩をいっしょに舐める」というのもちょっとおかしいのだけれど、すみからすみまで理解しつくすことの難しさにおいてなら、本、とくに②古典とのつきあいは、人間どうしの関係に似ているかもしれない。読むたびに、それまで気がつかなかった、あたらしい面がそういった本にはかくされていて、ああこんなことが書いてあったのか、と新鮮なおどろきに出会いつづける。

　長いことつきあっている人でも、なにかの拍子《ひょうし》に、あっと思うようなことがあって衝撃をうけるように、古典には、目に見えない無数の＊襞《ひだ》が隠されていて、読み返すたびに、それまで見えなかった襞がふいに見えてくることがある。しかも、一トンの塩とおなじで、その襞は、相手を理解したいと思いつづける人間にだけ、ほんの少しずつ、開かれる。イタリアの作家カルヴィーノは、こんなふうに書いている。

「古典とは、その本についてあまりいろいろ人から聞いたので、すっかり知っているつもりになっていながら、いざ自分で読んでみると、これこそは、あたらしい、予想を上まわる、かつてだれも書いたことのない作品と思える、そんな書物のことだ」

「自分で読んでみる」という、私たちの側からの積極的な行為を、書物はだまって待っている。現代社会に暮らす私たちは、本についての情報に接する機会にはあきれるほどめぐまれていて、だれにも「あの本のことなら知っている」と思う本が何冊かあるだろう。ところが、ある本「についての」知識を、いつのまにか「じっさいに読んだ」経験とすりかえて、私たちは、その本を読むことよりも、「それについての知識」をてっとり早く入手することで、お茶を濁しすぎているのではないか。ときには、部分の＊抜粋《ばっすい》だけを読んで、全体を読んだ気になってしまうこともあって、③「本」は、ないがしろにされたままだ。相手を直接知らないことには、恋がはじまらないように、本はまず、そのもの自体を読まなければ、なにもはじまらない。

　さらに、こんなこともいえるかもしれない。私たちは、詩や小説の「すじ」だけを知ろうとして、それが「どんなふうに」書かれているかを自分で把握する手間をはぶくことが多すぎないか。たとえば漱石の『吾輩は猫である』を、すじだけで語ってしまったら、作者がじっさいに力を入れたところを、きれいに無視するのだから、ずいぶん貧弱な愉《たの》しみしか味わえないだろう。おなじことはどの古典作品についてもいえる。読書の愉しみとは、ほかでもない、この「どのように」を味わうことにあるのだから。

　カルヴィーノのいうように、「読んだつもり」になっていた本をじっさいに読んで、そのあたらしさにおどろくこともすばらしいが、ずっと以前に読んで、こうだと思っていた本を読み返してみて、まえに読んだときとはすっかり印象が違って、それがなんともうれしいことがある。それは、年月のうちに、④読み手自身が変るからで、子供のときには喧嘩したり、相手に無関心だったりしたのに、おとなになってから、なにかのきっかけで、深い親しみをもつようになる友人に似ている。一トンの塩を舐めるうちに、ある書物がかけがえのない友人になるのだ。そして、すぐれた本ほど、まるで読み手といっしょに成長したのではないか

【国語】（五〇分）〈満点：一〇〇点〉

【1】 次の一文とおなじ意味になる熟語を、後の漢字1～0を組み合せて作りなさい。たとえば仮に「蔵潔」という熟語であれば「1」「2」の順番で〔ア〕〔イ〕にマークする。なお、おなじ漢字を二度使うことはできません。

問一　まじめで心がこもっていること。　熟語〔ア〕〔イ〕

問二　気持がたかぶってわれを忘れること。　熟語〔ア〕〔イ〕

問三　ことばにむだがなく短くよくまとまっていること。　熟語〔ア〕〔イ〕

問四　他人の役に立つように自分のものを差し出すこと。　熟語〔ア〕〔イ〕

問五　ものをたくわえておくこと。　熟語〔ア〕〔イ〕

1　蔵　2　潔　3　興　4　供　5　簡

6　実　7　提　8　奮　9　貯　0　誠

【2】 空欄〔①〕～〔⑤〕に入るべき熟語を、後の漢字1～0を組み合せて作りなさい。たとえば仮に「応備」という熟語であれば「3」「2」の順番で〔ア〕〔イ〕にマークする。

問一　あたらしい職場に〔　①　〕する。　熟語〔ア〕〔イ〕

問二　家に薬を〔　②　〕する。　熟語〔ア〕〔イ〕

問三　味がいいと〔　③　〕のある店。　熟語〔ア〕〔イ〕

問四　電気〔　④　〕を調べる。　熟語〔ア〕〔イ〕

問五　文化の〔　⑤　〕につくす。　熟語〔ア〕〔イ〕

1　統　2　備　3　応　4　発　5　定

6　適　7　系　8　評　9　常　0　展

【3】 須賀敦子「塩一トンの読書」を読み、次の問に答えなさい。

＊印は文章の後に〔注〕があることを示す。

「①ひとりの人を理解するまでには、すくなくも、一トンの塩をいっしょに舐《な》めなければだめなのよ」

ミラノで結婚してまもないころ、これといった深い考えもなく夫と知人のうわさをしていた私にむかって、＊姑《しゅうとめ》がいきなりこんなことをいった。とっさに喩《たと》えの意味がわからなくてきょとんとした私に、姑は、自分も若いころ姑から聞いたのだといって、こう説明してくれた。

一トンの塩をいっしょに舐めるっていうのはね、うれしいことや、かなしいことを、いろいろといっしょに経験するという意味なのよ。塩なんてたくさん使うものではないから、一トンというのはたいへんな量でしょう。それを舐めつくすには、長い長い時間がかかる。まあいってみれば、気が遠くなるほど長いことつきあっても、人間はなかなか理解しつくせないものだって、そんなことをいうのではないかしら。

他愛《たわい》ないうわさ話のさいちゅうに、姑がまじめな顔をしてこんな喩えを持ち出したものだから、新婚の日々をうわの空で暮らしていた私たちのことを、人生って、そんな生易《なまやさ》しいものじゃないんだよ、とやんわり釘《くぎ》をさされたのかと、そのときはひやりとしたが、月日が経つうちに、彼女がこの喩えを、折に触れ、ときには微妙にニュアンスをずらせて用いることに気づいた。塩をいっしょに舐める、というのが、苦労をともにする、という意味で「塩」が強調されることもあり、はじめて聞いた

MEMO

大切なことはメモしておこうネ！

2021年度

解　答　と　解　説

《2021年度の配点は解答欄に掲載してあります。》

＜数学解答＞

[1] (1) ア 0　(2) イ 8　(3) ウ 6　(4) エ 3　(5) オ 0　(6) カ 0

[2] (1) ア 6　イ 1　ウ 2　(2) エ 9　オ 1
(3) カ 3　キ 3　ク 3　(4) ケ 2　(5) コ 8　サ 3　(6) シ 3

[3] (1) ア 1　イ 5　(2) ウ 7　エ 2
(3) オ 1　カ 1　キ 1　ク 2

[4] (1) ア 2　(2) イ －　ウ 2　エ 0
(3) オ －　カ 1　キ 2　ク 2　ケ 8　(4) コ 1　サ 6

[5] ア 9　イ 2

[6] ア ④　イ ③　ウ ③　エ ⑦　オ ③　カ ④　キ ⑧　ク ④
ケ ①　コ ⑤

[7] (1) ア 1　イ 1　ウ 2　(2) エ 7　オ 1　カ 8

○推定配点○
[1]・[2]　各3点×12　[3]　各5点×3　[4]　(1)・(2)　各5点×2　(3)　各3点×2
(4)　5点　[5]　6点　[6]　各1点×10　[7]　各6点×2　計100点

＜数学解説＞

[1] (数の計算，平方根)

基本 (1) $-4-(-7)-3=-4+7-3=0$

(2) $(-7)\times(-2)^2+6^2=(-7)\times4+36=-28+36=8$

(3) $4^2\div(-2)^3\times(-3)=\frac{16\times3}{8}=6$

(4) $\frac{7}{4}\times\frac{9}{14}\div\frac{3}{8}=\frac{7\times9\times8}{4\times14\times3}=3$

(5) $(\sqrt{7}-2)(\sqrt{7}+2)-3=(\sqrt{7})^2-2^2-3=7-4-3=0$

(6) $\sqrt{2}-\sqrt{32}+\sqrt{18}=\sqrt{2}-4\sqrt{2}+3\sqrt{2}=0$

[2] (文字式の計算，因数分解，1次方程式，2次方程式，式の値)

(1) $(2x+1)(3x-2)=6x^2-4x+3x-2=6x^2-x-2$

(2) $x^2-8x-9=(x-9)(x+1)$

(3) $3x^2-6x+2=0$　解の公式にあてはめる。$x=\frac{-(-6)\pm\sqrt{(-6)^2-4\times3\times2}}{2\times3}=\frac{6\pm\sqrt{36-24}}{6}=$
$\frac{6\pm2\sqrt{3}}{6}$　$x=\frac{3\pm\sqrt{3}}{3}$

(4) $\frac{3x-2}{2}-\frac{2x+1}{3}=\frac{1}{3}$　両辺を6倍する。$3(3x-2)-2(2x+1)=2$　$9x-6-4x-2=2$
$5x=10$　$x=2$

(5)　$\dfrac{a}{2}=\dfrac{4}{3}$　両辺を2倍すると$a=\dfrac{8}{3}$

(6)　$x=\sqrt{3}+5$を代入する。$x^2-10x+25=(x-5)^2=(\sqrt{3}+5-5)^2=(\sqrt{3})^2=3$

[3]　(規則性)

基本 (1)　1段のときの碁石は1個，2段のとき碁石は$1+2=3$(個)，3段のとき碁石は$1+2+3=6$(個)…　5段並べるときに使う碁石の数の合計は$1+2+3+4+5=15$(個)

(2)　白い碁石は上から偶数段目に使う。2段目には2個，4段目には4個…　16段並べるときに使う白い碁石の数の合計は$2+4+6+8+10+12+14+16=2+16+4+14+6+12+8+10=18+18+18+18=18\times4=72$(個)

やや難 (3)　黒い碁石は上から奇数段目に使う。$1+3+5+7+9+11=36$より，11段積み上げればよい。また，偶数段目は白い碁石を並べるので，黒い碁石の数はふえないので，12段並べたときも黒い碁石は36個使うことになる。

[4]　(図形と関数・グラフの融合問題)

(1)　(3，18)が$y=ax^2$上の点なので，$18=a\times3^2$　$a=2$　2次関数は$y=2x^2$となる。

(2)　x軸は$y=0$と表されるので，交点Aは$y=0$で$y=2x+4$であるところ。$2x+4=0$　$x=-2$　A$(-2,\ 0)$

(3)　B，Cは$y=2x^2$上の点で，$y=2x+4$でもあるので，$2x^2=2x+4$　$x^2=x+2$　$x^2-x-2=0$　$(x-2)(x+1)=0$　$x=-1,\ 2$　図よりB$(-1,\ 2)$，C$(2,\ 8)$

重要 (4)　D$(-1,\ 0)$，E$(2,\ 0)$である。$S_1=\triangle ABD=\dfrac{1}{2}\times AD\times AB=\dfrac{1}{2}\times(-1+2)\times2=1$　$S_2=\triangle ACE=\dfrac{1}{2}\times AE\times CE=\dfrac{1}{2}\times(2+2)\times8=16$　よって，$S_2=16S_1$

[5]　(方程式の応用)

求める自然数の10の位の数をx，1の位の数をyとすると，$x+y=11$…①　10の位と1の位の数を入れ替えてできる数は$10y+x$と表すことができるので$10y+x=10x+y-63$　$9y=9x-63$　$y=x-7$…②　②を①に代入すると$x+x-7=11$　$2x=18$　$x=9$　②に代入すると$y=9-7=2$　もとの自然数は92

[6]　(展開図と見取り図)

立方体の一番遠い頂点が，展開図の上では2つならぶ正方形の一番遠い頂点にあたる。Aから一番遠い頂点がGなので，エ＝Gである。Gから一番遠い頂点がAなので，ケ＝Aである。Bから一番遠い頂点がHなので，キ＝H　Eから一番遠い頂点がCなのでウ＝C，Cから一番遠い頂点がEなのでコ＝E，Eから一番遠い頂点がCなのでオ＝C，Eから一番遠い頂点がCなのでイ＝C　Fから一番遠い頂点がDなのでア＝D，カ＝D，ク＝D

[7]　(座標平面と確率)

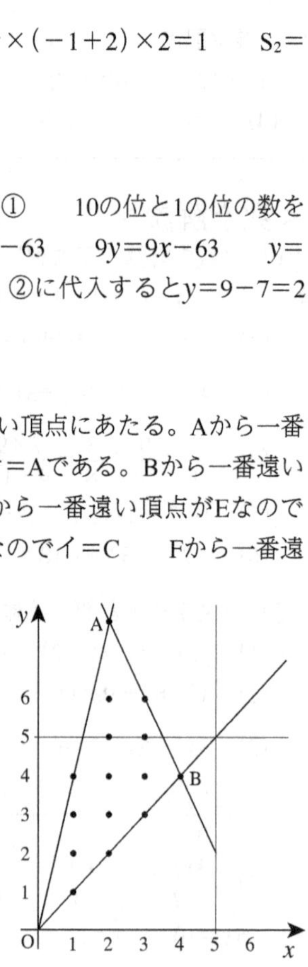

重要 (1)　大小2つのサイコロの目の出方は全部で$6\times6=36$通り　$y=\dfrac{1}{2}x+1$上にあるのは$(x,\ y)=(2,\ 2)$，$(4,\ 3)$，$(6,\ 4)$の3通りなのでその確率は$\dfrac{3}{36}=\dfrac{1}{12}$

やや難 (2)　直線OAは原点を通る直線なので$y=mx$とおいて，Aを通ることから$2m=8$　$m=4$となり$y=4x$，直線OBは原点を通る直線なので$y=nx$とおいて，Bを通ることから$4n=4$　$n=1$となり，

$y=x$と表すことができる。また，直線ABは$y=px+q$とおいて，Aを通ることから$2p+q=8$…①　Bを通ることから$4p+q=4$…②　②−①は$2p=-4$　$p=-2$，①に代入して$-4+q=8$　$q=12$となり$y=-2x+12$　座標平面上でこの3つの直線の内部にある点を数える。(1，1)，(1，2)，(1，3)，(1，4)，(2，2)，(2，3)，(2，4)，(2，5)，(2，6)，(3，3)，(3，4)，(3，5)，(3，6)，(4，4)の14個　確率は$\frac{14}{36}=\frac{7}{18}$

★ワンポイントアドバイス★

まずは1番，2番の計算をミスなく仕上げることができるよう，計算力をつけておこう。その後の問題も，教科書レベルの問題が多いので，決められた時間のなかでしっかり仕上げられるよう，基本レベルの問題演習をしておこう。

＜英語解答＞

【1】	(1) ④	(2) ①	(3) ④	(4) ①	(5) ④	
【2】	(6) ⑤	(7) ①	(8) ③	(9) ②	(10) ④	
【3】	(11) ③	(12) ①	(13) ②	(14) ①	(15) ④	
【4】	(16) ④	(17) ③	(18) ①	(19) ④	(20) ②	
【5】	(21) ②	(22) ③	(23) ⑤	(24) ①	(25) ⑥	
【6】	(26) ⑥	(27) ⑦	(28) ①	(29) ③	(30) ⑤	
【7】	(31) ①	(32) ③	(33) ①	(34) ②	(35) ③	(36) ④
【8】	(37) ④	(38) ①	(39) ①	(40) ④	(41) ③	(42) ②
【9】	(43) ②	(44) ①	(45) ④	(46) ④	(47) ③	(48) ③

○推定配点○

【9】(45)，(47)　各4点×2　他　各2点×46　計100点

＜英語解説＞

基本 【1】（アクセント）

(1)　④のみ第1音節，それ以外は第2音節。

(2)　①のみ第1音節，それ以外は第2音節。

(3)　④のみ第1音節，①，②は第2音節で，③は第3音節。

(4)　①のみ第1音節，それ以外は第2音節。

(5)　④のみ第1音節，それ以外は第2音節。

重要 【2】（単語：助動詞）

(6)　must ~「~しなければならない」

(7)　Shall we ~?「~しませんか」

(8)　Could[Will / Can / Could] you ~?「~してくれませんか」

(9)　答えが過去形なので，did を用いて尋ねる。

(10)　be going to ~ で未来の文になる。

【3】（語句選択問題：分詞，現在完了，動名詞，不定詞）

(11) seen in Australia で前の名詞を修飾する過去分詞の形容詞的用法である。

(12) since last year「昨年以来，昨年から」

(13) enjoy は動名詞のみが目的語になる。

(14) 〈It is ~ for 人 to …〉「人にとって…することは～だ」

(15) where to ~「どこで～したらいいか」 get off ~「～を降りる」

重要【4】（書きかえ問題：分詞，現在完了，接続詞，受動態，動名詞）

(16) living in Yokohama は前の名詞を修飾する分詞の形容詞的用法である。

(17) 〈have[has]＋過去分詞＋ for ~〉「～の間(ずっと)…である」

(18) both A and B「AもBも両方とも」

(19) 〈be動詞＋過去分詞〉「～される」という受動態の文になる。

(20) be good at ~ing「～するのが上手だ」

基本【5】（反意語）

(21) same「同じ」↔ different「違った」

(22) glad「うれしい」↔ sad「悲しい」

(23) close「閉める，閉じる」↔ open「開ける，開く」

(24) heavy「重い」↔ light「軽い」

(25) expensive「高価な」↔ cheap「安い」

基本【6】（同意語）

(26) autumn = fall「秋」

(27) forest = woods「森」

(28) wish = hope「望む」

(29) correct = right「正しい」

(30) quiet = silent「静かな」

【7】（長文読解問題・Eメール：要旨把握）

（全訳） 差出人：オカジマケンタ
宛　先：カート・クリーブランド
日　時：2020年4月5日 19:32
件　名：サッカーゲーム

やぁ，カート

元気ですか。あなたの友人のケンタです。交換留学生として学校に来てから2ヶ月が経ったね。日本での生活は気に入りましたか？僕はちょうど夕食を食べたところで，今あなたに電子メールを書いています。あなたがよく公園でサッカーをするのを知っています。暇な時にサッカーをするのが好きだと思います。僕は自由な時間に，バイオリンを弾くのが好きです。バイオリンを弾いている時は，リラックスした気分になります。バイオリンを弾いたことがありますか。

実は僕はサッカーも楽しみます！お気に入りのチームが今週の土曜日に試合をする予定で，僕のいとこはチケットを3枚持っています。あなたは僕たちと一緒に行きたい？楽しいはずだよ！試合後に夕食に寿司を食べて，ボーリングにも行くかもしれません。イギリスでサッカーの試合に行きましたか。いつかイギリスのサッカーの試合に行きたいです。とにかく，土曜日に参加できる場合は教えてください！

お返事待ってます
ケンタ

差出人：カート・クリーブランド
宛　先：オカジマケンタ
日　時：2020年4月5日 20:35
件　名：いいね
親愛なるケンタへ

メールを送ってくれてありがとう。僕は調子いいし，日本での生活は気に入っているよ。サッカーを観戦するのも大好きなので，行きたいです！イギリスではフットボールと呼び，父と僕は月に一度試合に行きました。日本で試合を見るのは初めてです。あなたのお気に入りのチームのタオルとTシャツを買いたいと思います。僕は父にそれらを送ります。

また，バイオリンを弾くのは面白いようですね！僕はバイオリンを弾いたことがないよ。僕はバイオリンを弾くことにとても興味があります。私はそれを試してみたいです！

じゃあね

カート

(31)　ケンタはひまな時間に，バイオリンを弾いて楽しむと言っている。
(32)　How often は回数や頻度を尋ねるときに用いる表現である。
(33)　ケンタのお気に入りのチームのTシャツとタオルを買いたいと言っている。
(34)　カートはバイオリンを弾いたことがないと言っている。
(35)　ケンタは今週の土曜日にお気に入りのサッカーチームの試合を見に行く予定である。
(36)　サッカーの試合を見た後，夕食に寿司を食べて，ボーリングにも行く予定である。

【8】（長文読解問題・会話文：要旨把握）

（全訳）　Alex：やぁ！
June：こんにちは！
Alex：私は映画を映画館で見たい。一緒に来ませんか。
June：もちろん。
Alex：ありがとう。誰も一緒に来ないと思ったよ。
June：なぜ？彼らは忙しいの？
Alex：彼らは病気になりたくないんだ。彼らはウイルスを心配しているんだ。
June：なるほど。私のお母さんもよ。彼女はいつも「手を洗ってうがいをして！」と言うわ。
Alex：そうだね。僕のお母さんもだよ。では，土曜日の夕方はどう？
June：土曜日にピアノのレッスンがあるの。次の日はどう？
Alex：よさそうだね。
June：ちょっと待って！
Alex：どうしたの？
June：実は，映画を見るためのお金を持っていないの。でも，私はお金のことをお母さんに聞いてみるね。
Alex：わかった。
June：アレックス，悪い知らせよ。母は「何を考えてるの？」「ニュースを見なかったの？」「必要がないときに外出したらだめよ」と言っているの。
Alex：大丈夫。僕は一人になると思うな。
June：ごめんね。こういうのはどう？私は自宅でアプリで映画を見て，あなたはあなたの家でアプリで映画を見るのよ。映画を見た後，電話で話すの。まるで映画館のようでしょ。
Alex：いいね。友だちにも聞いてみるよ。食べ物を手に入れなきゃ。

(37) アレックスは映画を見たいと思い，ジューンを誘っている。
(38) ジューンのお母さんは，ウイルスを心配して「手を洗うように」と言っている。
(39) ジューンはお母さんに映画に行くためのお金のことをお願いしている。
(40) 土曜日にジューンのピアノのレッスンがあるので，日曜日に映画を見る予定である。
(41) ジューンがそれぞれの家で映画を見るのはどうかと提案している。
(42) アレックスは食べ物を手に入れようとしている。

【9】（長文読解問題・説明文：語句補充，語句解釈，内容吟味，要旨把握）

（全訳） こんにちは，私はケンジです。今日，私はあなたたちの人生をより良くする方法について話します。私はあなたたちに一つの質問をします。毎朝起きるとき，どのように感じますか？快適に感じますか，それとも不快に感じますか？不快に感じるなら，私はあなたたちの考え方を変えるのを助けたいと思います。

楽天家と悲観主義者という言葉を聞いたことがありますか。楽天家とはポジティブな思考を持つ人で，悲観主義者は否定的な思考を持つ人です。朝起きるとき，楽な一日を過ごすつもりですか，それとも(a)困難な一日を過ごすつもりですか？普段その日が良いと思うなら，楽天家かもしれないし，普段それが悪いと思うなら，悲観主義者かもしれません。

研究は，楽観主義があなたの健康に強い肯定的な影響を与えることができることを示しています。楽天家はしばしば(b)より長く生き，風邪を頻繁にひかず，彼らのほとんどは心臓病にあまり苦しんでいません。楽天家は悲観主義者よりもストレスをうまく扱うのかもしれません。

あなたたちが悲観主義者かもしれないと思い，より楽観的になりたいと思うなら，「セルフトーク」に注意を払ってください。「セルフトーク」という言葉は，いつもあなたたちの心の中に浮かび上がる考えを意味します。例えば，運転，皿洗い，服をたたむなどをしているときに頭をよぎる考え，心配，信念，希望が頭を通り抜けます。

独り言が否定的であるならば，あなたが試すことができるものがいくつかあります。まず，否定的な独り言を停止してください。(c)かわりに，よりポジティブになることができます。たとえば「プレゼンテーションを行うのが得意ではない」と思う場合は，「プレゼンテーションの技術を向上させるにはどうすればよいか？」のような質問に変えることができます。(d)第二に，自分自身を友人と考えてください。友達に不親切なことを言わないから，自分自身にもそんな事を言わないでください。あなた自身に親切にしてください，そうすればあなたの日々はもっと楽になります。

(43) 前に書かれているeasyの反対の意味の単語が入る。
(44) 楽天家は悲観主義者よりも風邪をひきにくく，心臓病に苦しまず，「より長く」生きるのである。
やや難 (45) セルフトークは心の中に考えが浮かび，一人で話すことである。
(46) instead「かわりに」
重要 (47) 第5段落第2文がfirstで始まる文なので，それに対応してsecondで始めるのが適切。
(48) 第5段落第4文のように，否定的な独り言は，違う言い方に変えればいいので「どうすればテニスを上手にできるか」という質問にすればよい。

★ワンポイントアドバイス★

問題数が非常に多く，短時間で処理しなければならない。過去問を繰り返し解いて，スピードを身につけるようにしたい。

＜国語解答＞

【1】 問一 〔ア〕 0 〔イ〕 6 問二 〔ア〕 3 〔イ〕 8 問三 〔ア〕 5 〔イ〕 2
問四 〔ア〕 7 〔イ〕 4 問五 〔ア〕 9 〔イ〕 1

【2】 問一 〔ア〕 6 〔イ〕 3 問二 〔ア〕 9 〔イ〕 2 問三 〔ア〕 5 〔イ〕 8
問四 〔ア〕 7 〔イ〕 1 問五 〔ア〕 4 〔イ〕 0

【3】 問一 4 問二 1 問三 5 問四 5 問五 3 問六 1 問七 1
問八 4

【4】 問一 3 問二 5 問三 3 問四 5 問五 1 問六 1 問七 2
問八 1

○推定配点○

【1】 各2点×5 【2】 各2点×5 【3】 各5点×8 【4】 各5点×8 計100点

＜国語解説＞

【1】 (漢字)

問一「誠実」，問二「興奮」，問三「簡潔」，問四「提供」，問五「貯蔵」が正解。

基本
【2】 (漢字)

問一 「適応」は，その状況によくかなうこと。

問二 「常備」は，つねに備えておくこと。

問三 「定評」は，多くの人がそうだと認めている評判または評価。

問四 「系統」は，ある原理や法則によって順序だてた統一のあるもの・システム。

問五 「発展」は，栄えゆくこと。

【3】 (随筆―空欄補充，内容理解，表現理解，心情理解)

問一 直後の段落にある「姑」の言葉に注目。「一トンの塩をいっしょに舐めるっていうのはね，うれしいことや，かなしいことを，いろいろといっしょに経験するという意味なのよ」「まあいってみれば，気が遠くなるほど長いことつきあっても，人間はなかなか理解しつくせないものだって，そんなことをいうのではないかしら」という内容が，4に合致している。

問二 直後の文に注目。「読むたびに，それまで気がつかなかった，あたらしい面がそういった本にはかくされていて，ああこんなことが書いてあったのか，と新鮮なおどろきに出会いつづける」という内容が，1に合致している。

問三 傍線部③の直前の「部分の抜粋だけを読んで，全体を読んだ気になってしまうこともあって」という内容が，5に合致している。

問四 傍線部④のあとの説明をとらえる。「すぐれた本ほど，……読み手の受容度が高く，あるいは広くなった分だけ，あたらしい顔でこたえてくれる」とある。

問五 傍線部⑤の前の「古典があたらしい襞を開いてくれないのは，読み手が人間的に成長していないか，いつまでも素手で本に挑もうとするからだろう」に合うものを選ぶ。「素手」というのは，本を読むための語学などの技術がないということ。

問六 問五で考えたように，「素手」とは，本を読むための技術がない，乏しいということ。

やや難 問七 姑は，「こんなふうにも読めるし，あんなふうにも読めるから，ほんとうはどういう意味なのかわからない」と言いながらも，本を読むことを楽しんでいた。それは，本を全て理解するのは難しいが，読んでいるときに新鮮なおどろきに出会うことができたからである。

重要 問八 文章の冒頭の「ひとりの人を理解するまでには，すくなくとも，一トンの塩をいっしょに舐めなければだめ」という言葉が表す意味をふまえて，問一で考えたことも加味して，傍線部⑧に込められた心情をとらえる。

【4】（小説―内容理解，表現理解，心情理解）

問一　直後の段落の「『葛の葉狐』の物語」の内容をとらえる。「人間の男と結婚して子供までもうけた女狐が，正体を知られて姿を消し」た。この女狐が残した歌が，恋しければ「信太の森」に尋ねてこいという内容であったことをとらえる。

重要　問二　「私は母といると，……母のお尻を見た。もしかすると母がうっかり気を許して尻尾を出しているかも知れない，と思われたからである」「私はまたもや母は着物の下に尻尾を隠しているかも知れないという強迫観念の虜になっていたからである」という部分が，5に合致している。

問三　傍線部③を含む段落の冒頭に「私の考えによれば，葛の葉狐であることを誰にも悟られない限り，母は姿を消さないで済む筈だった」とあることに注目。「私」は「母のお尻に絶対に尻尾のないことを確認して」，母が姿を消さないで済むと思って安心しているのである。

問四　直後に「父が一旦物ごとを思い立ったら絶対にあとへ引かないことを知っていたからである」とあり，「虎雄兄さんがもし父の期待に叛いたら，父はどんなに怒り出すか知れない」とあることに注目。これらをふまえると，5が正しい。

問五　「虎雄兄さんのすべてが歯がゆくてならない」父は，「治郎，お前は行けるだろうな」という言葉を，「虎雄兄さんに聞えるような大きな声でいっ」っている。なんとか虎雄に勇気を出してほしいという父の情愛が読み取れる。

やや難　問六　「私」は，「走ると怖くなるから，一歩一歩踏みしめるようにして歩」いた。「一歩一歩踏みしめながら，……丹田に力を籠めて歩いていった」ことにより，心が落ち着いたのである。

問七　「虎雄兄さんのすべてが歯がゆくてならない」父は，「虎雄兄さんの根性を鍛えようと試み」たのである。そして，虎雄が肝だめしをやり遂げたことに満足している。

問八　「治郎兄さんはどこをちぎったのだろう。ふと私の頭に，八百屋の店先で店員が野菜の残りと共に新聞紙の切れ端を掃いていた情景が浮かんで来た」とあり，治郎は肝だめしでずるをして八百屋の店先の新聞紙を持ち帰ったと考えられる。

★ワンポイントアドバイス★

読解問題に細かい読み取りが必要とされる。時間内に的確に選択肢を選ぶ力が求められる。漢字の問題の分量も多いので，ふだんからいろいろな問題にあたり，基礎力を保持しておこう！

2020年度

入　試　問　題

2020年度

東京実業高等学校入試問題

【数　学】（50分）　＜満点：100点＞

【注意】 ①　解答が分数になるときは，約分して答えて下さい。
②　比を答える問題はもっとも簡単なもので答えて下さい。

［１］　次の計算をし，□の中に適する数を入れなさい。

(1)　$6-(-1)+2=\boxed{\text{ア}}$

(2)　$9\times 8-(-8)^2=\boxed{\text{イ}}$

(3)　$-1.5\times 3^2+14.5=\boxed{\text{ウ}}$

(4)　$\left(\frac{1}{2}\right)^2\times\frac{8}{7}\div\frac{1}{14}=\boxed{\text{エ}}$

(5)　$7\sqrt{3}-\sqrt{75}-\frac{6}{\sqrt{3}}=\boxed{\text{オ}}$

(6)　$(\sqrt{6}-1)(\sqrt{6}+1)=\boxed{\text{カ}}$

［２］　次の□に適する数や符号を入れなさい。

(1)　$(3x-1)(x+3)=\boxed{\text{ア}}x^2+\boxed{\text{イ}}x-\boxed{\text{ウ}}$

(2)　$x^2+2x-8=(x-\boxed{\text{エ}})(x+\boxed{\text{オ}})$

(3)　２次方程式　$4x^2-7x+2=0$　の解は，$x=\frac{\boxed{\text{カ}}\pm\sqrt{\boxed{\text{キク}}}}{\boxed{\text{ケ}}}$

(4)　１次方程式　$\frac{x-1}{2}=\frac{2x-3}{5}$　の解は，$x=\boxed{\text{コサ}}$

(5)　比例式　$x:8=3:4$　を解くと，$x=\boxed{\text{シ}}$

(6)　$x=6$，$y=3$　のとき，$x^2-xy-y^2=\boxed{\text{ス}}$　である。

［３］　Aさんはアメリカ合衆国のコロラド州ボルダー地区にある学校へ留学する。日本を２月10日午前10時に出発する飛行機に乗って，10時間15分の飛行時間でボルダーに到着する予定である。この時，到着時間は現地時間で２月$\boxed{\text{アイ}}$日，午前$\boxed{\text{ウ}}$時$\boxed{\text{エオ}}$分である。

ただし，経度に15度の差が出るごとに時差は１時間ずつ増える。また，日本とボルダーの経度は240度の差があり，時刻は日本が進んでいる。

［４］　次の問いに答えなさい。

(1)　直線　$y=2x-3$　と直線　$y=-3x+7$　の交点の座標は（$\boxed{\text{ア}}$，$\boxed{\text{イ}}$）である。

放物線と直線の交点も(1)と同様に放物線の式と直線の式を連立方程式として解くことにより，

求めることができる。

⑵　放物線 $y = x^2$ と直線 $y = x + 2$ の交点の座標は（－１，１）と（$\boxed{ウ}$，$\boxed{エ}$）である。

⑶　点Ａを（－１，１），⑵で求めた点を点Ｂとするとき，点Ｂを通り傾きが－１の直線の方程式は $y = \boxed{オ}\,x + \boxed{カ}$ である。

⑷　放物線 $y = x^2$ と⑶で求めた直線の交点のうち，点Ｂでない方の交点Ｃの座標は（$\boxed{キク}$，$\boxed{ケ}$）である。

⑸　三角形ABCの面積は $\boxed{コサ}$ である。

［５］　濃度５％の食塩水Ａと濃度15％の食塩水Ｂがある。これらを混ぜて濃度７％の食塩水を50ｇ作った。Ａ，Ｂはそれぞれ何ｇずつ混ぜたか求めなさい。

Ａを $\boxed{アイ}$ ｇ，Ｂを $\boxed{ウエ}$ ｇずつ混ぜた。

［６］　右の図のように一辺の長さが２である立方体ABCD－EFGHと，底辺と斜辺の一辺の長さが２である四角すいＯ－ABCDが面ABCDで合わさった立体がある。

次の問いに答えなさい。

⑴　この立体の体積は $\dfrac{\boxed{アイ}+\boxed{ウ}\sqrt{\boxed{エ}}}{\boxed{オ}}$ である。

⑵　この立体の表面積 $\boxed{カキ}+\boxed{ク}\sqrt{\boxed{ケ}}$ である。

⑶　辺GHの中点をＩとするとき，$OG^2 - IG^2 = \boxed{コ}+\boxed{サ}\sqrt{\boxed{シ}}$ である。

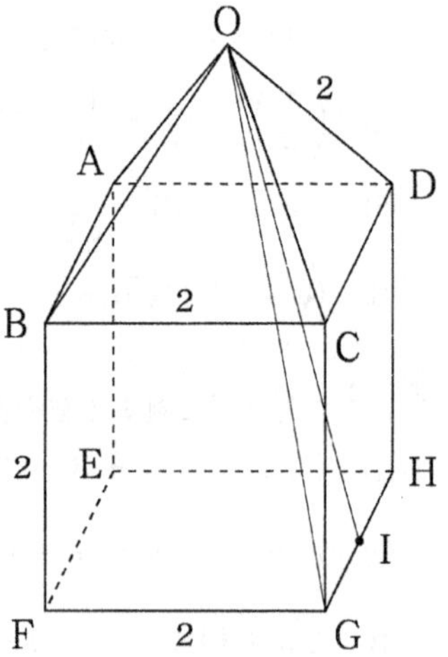

［７］　１から５までの数が書かれたカードをそれぞれ１枚ずつ持っている。

次の問いに答えなさい。

⑴　この中から２枚のカードを引いたときに書かれている数の和が，偶数となる確率は $\dfrac{\boxed{ア}}{\boxed{イ}}$ である。

⑵　この中から２枚のカードを続けて引き，１枚目のカードの数を十の位，２枚目のカードの数を一の位とし二桁の数を作る。その数が３の倍数となる確率は $\dfrac{\boxed{ウ}}{\boxed{エ}}$ である。

【英　語】（50分）　＜満点：100点＞

【１】 次の各組の語の中に，第１音節（１番目の部分）を最も強く発音する語が１つあります。その語の番号を選びなさい。

(1) ① les-son　② de-pend　③ e-vent　④ up-on

(2) ① ad-vice　② for-get　③ for-eign　④ re-port

(3) ① mu-si-cian　② to-mor-row　③ ham-burg-er　④ um-brel-la

(4) ① be-fore　② beau-ty　③ ho-tel　④ suc-cess

(5) ① yes-ter-day　② ex-pen-sive　③ Oc-to-ber　④ ba-nan-a

【２】 次の各文の下線部の単語とほぼ反対の意味を持つ語を，下の語群から選び番号で答えなさい。

(6) I go swimming in the sea every summer.

(7) Mt. Fuji is not as high as Mt. Everest.

(8) This is my son.

(9) You have a soft heart.

(10) It was a cool day today.

≪語群≫　① low　② daughter　③ warm　④ small　⑤ hard
⑥ moon　⑦ land

【３】 次の各文の（　）内に入る最も適当な語を，下の語群から選び番号で答えなさい。ただし，文頭に来る語も小文字にしてあります。

(11) “(　　) you go to the party tonight?”
“No, I can’t. I have to go to another meeting.”

(12) “(　　) I open the window?”
“Yes, please do.”

(13) “(　　) she come here yesterday?”
“I don’t know. Ask Mary.”

(14) “(　　) you studying with Satoshi?”
“Yes, I was.”

(15) “(　　) you ever been to Taiwan before?”
“No, this is the first time.”

≪語群≫　① don’t　② will　③ shall　④ were　⑤ did
⑥ was　⑦ have

【4】 次の各文の（ ）内から適語を選びなさい。

(16) It will (① is ② was ③ be ④ being) cloudy tomorrow.

(17) Masashi and I (① am ② was ③ are ④ were) walking in the garden at that time.

(18) She goes to the library (① reads ② to read ③ reading ④ read) books.

(19) It is easy (① for ② of ③ in ④ with) me to play the piano.

(20) I hope (① to ② that ③ when ④ where) she will come back soon.

(21) He is (① makes ② make ③ made ④ making) breakfast now.

(22) You like potatoes, (① do you ② does you ③ don't you ④ doesn't you)?

(23) I woke up (① early ② earlier ③ much early ④ earliest) than my father.

(24) "Do you know (① who ② whose ③ where ④ what) he is?"
"He is in the classroom."

(25) (① Who ② Whose ③ Where ④ How) nice this picture is!
You are a good camera man.

(26) I have (① with ② to ③ at ④ of) tell your teacher about your attitude.

(27) She (① watches ② looks ③ sees ④ are) so sad. What happened?

【5】 次の英文を読んで，設問に答えなさい。

From: Emmy Jones
To : Shingo Omichi
Date: September 17
Subject: Game Club

Hi, there,

Guess what! I joined an esports club. It's really fun. We all play the same game, then we talk about it together. We meet at my classroom in our school on Tuesday, Wednesday and Friday of every week after school. I know that you love to play. Do you want to join the club? Recently, esports are very popular. There are many different kinds of esports games. This month, we're going to play a game called *Horror and Dancing*. The game shop near my house didn't have the game, so I looked for it. You can buy it both at Fun Fun Game store and on the Internet. I checked the price at Fun Fun Game store, but I think it's more expensive than on the Internet. I bought it on the Internet. I want you to join the club. I need a funny and smart person like you. There are eleven members now, and we want to have fifteen. I think you can enjoy playing games in our club. I hope you can join.

Emmy.

※ esports：e スポーツ

From: Shingo Omichi
To: Emmy Jones
Date: September 18
Subject: Sorry

Hi, Emmy,

Thank you for your e-mail. The esports club sounds fun, but I won't be able to join because I have drawing lessons every Tuesday and Wednesday after school. By the way, I played *Horror and Dancing* just three days ago. I know that it's an exciting game. Please tell me some things about new games which you know. Let's go to the movie theater if you are free next weekend.

Have fun!

Shingo Omichi

(28) How often does the esports club meet?
① Every Friday
② Every Wednesday
③ Three times a month
④ Three times a week

(29) Where does Emmy meet for the club?
① Game shop
② Her classroom
③ Her house
④ The library

(30) Why can't Shingo join the club?
① Because he belongs to another club.
② Because he has already played Horror and Dancing.
③ Because he has never talked with Emmy.
④ Because he practices drawing pictures on the same day.

(31) Where did Emmy get the game called Horror and dancing?
① From the Internet
② From the library
③ From Shingo
④ From the game shop

(32) 英文の内容と一致していない番号を１つ選びなさい。
① Emmy wants to have eleven member in her esports club.
② Emmy wants Shingo to join the esports club.
③ Shingo wants to go to the movie theater with Emmy.
④ Shingo doesn't join Emmy's club.

【6】 次の英文を読んで，設問に答えなさい。

Alex: Hello!
June: ... ah, hello.
Alex: Hey, what happened? (33)
June: I'm not. I have lost my smartphone.
Alex: That is too bad. You can't live without your smartphone.
June: Yeah... I have not checked social media since yesterday.
I don't know what our friends are doing now.
Alex: Don't worry. They are doing nothing.
They are just taking pictures of tapioca tea.
June: I'm jealous. You can use your smartphone.
Alex: Okay, okay. I will help you. Let's find it!
June: Really? Thank you. You are very kind.
Alex: So... (34)
June: I used it at a tapioca tea cafe.
I took some pictures of tapioca tea and then... I can't remember.
Alex: Okay. Let's go to the tapioca tea cafe.
～
Clerk: (35)
June: I think I left my smartphone here. Do you have it?
Clerk: (36)
June: It is red.
Clerk: I have one. Wait a moment. Ah... (37)
June: Yes! It is mine! Thank you very much!
Alex: There are our friends over there. Let's drink tapioca tea with them.
June: Yes! Before that let's take a lot of pictures of tapioca tea.
Alex: Okay...

（注） social media：SNS　tapioca tea：タピオカの入ったお茶　jealous：嫉妬して

(33) ～ (37) に入る最も適切なものを選びなさい。

① May I help you?　② Are you okay?
③ Is this yours?　④ What color is it?
⑤ Where did you use it last?

(38) 下線部と同じ用法に最も近いものを選びなさい。

① I have watched this movie many times.
② I have just eaten breakfast.
③ I have lived in Tokyo for ten years.
④ I have already finished my homework.

(39) June はいつスマートフォンを紛失しましたか。

① 先週　② 一昨日　③ 昨日　④ 今日

(40) June はこの後何をしますか。

① たくさん写真を撮る　② テスト勉強する

③ 買い物をする　④ アルバイトをする

【7】 次の英文を読んで，設問に答えなさい。

John is eight years old and his brother, Tom, is two years younger than John. John is fond of playing video games at home. He sometimes invites his friends to his house and they play them together. His brother Tom likes playing basketball. After school he often plays basketball with his friends at the park near their house.

One day their mother called John and said, "Go to the park and tell Tom to come back home." John went to the park, found Tom, and came back home with him. Then a cake was waiting for them. The mother said to John, "You can eat this cake with Tom. Please cut it in half." "Ok, mom. It's a piece of cake!" John replied. This is a kind of a joke because the expression, "It's a piece of cake," means "It's easy to do it." But she didn't laugh at all. After cutting it, he was going to take the bigger piece. At the time, the mother said, "John, you must be a gentleman." John said, "Be a gentleman? How can I be a gentleman?" She smiled and said, "A gentleman always gives the bigger piece to the other person." When he heard her answer, John gave the bigger one to his brother, and took the smaller one. But in fact, he really wanted the bigger one.

The next weekend the mother took them to their aunt's house, and then she went to the big city to do some shopping. The two brothers were left with their aunt. They did their homework, and then played for an hour. When they finished playing together, the aunt went to the kitchen with John. She brought a cake to him and asked him to cut it. And she said to him, "You must be a gentleman. Do you understand this meaning?" John thought about it for a while and said, "Be a gentleman? How can I be a gentleman?" The aunt answered, "A gentleman always gives the bigger piece to the other person." When he heard her answer, he smiled and then he gave the cake to his brother and said to him, "Cut this cake in half and be a gentleman, Tom"

(41) Who is older, John or Tom?

① John is.　② Tom is.

③ They are the same age.　④ They don't know their ages.

(42) What does John like to do?

① He likes to cook something.　② He likes to play basketball.

③ He likes to go shopping.　④ He likes to play video games.

(43) What does "It's a piece of cake" mean?

① We cannot eat a whole cake.

② Cutting a cake is sometimes difficult for some boys to do.

③ It's the expression when we cut a cake.

④ It's the expression when we want to say something is easy to do.

(44) What did the mother do?

① She left the house and went shopping. ② She played with her children.

③ She made a cake for their aunt. ④ She cut a cake for them.

(45) When the mother and the aunt said to John, "You must be a gentleman," what did this mean?

① A gentleman always thinks about this for a while.

② A gentleman always takes the cake to his brother.

③ A gentleman always gives the bigger piece to the other person.

④ A gentleman always cuts a cake for the other person.

(46) At the aunt's house, what did John want to do?

① He wanted to give the bigger piece of a cake to his brother.

② He wanted the bigger piece of the cake.

③ He wanted to go outside.

④ He wanted something cold to drink.

2　世界には発展途上の貧しい国を理解できない人々もいるから。
3　世界には家族でのドライブを実感できない人々もいるから。
4　世界には教育を受けられない人々もいるから。
5　世界には戦争や病気で苦しむ人々もいるから。

問九　傍線部⑩「べつの形のもの」とは何か。最適なものを次の選択肢1～5より選びなさい。

1　仕事や生活など現実的な不安。
2　勉強や交友など日常的な不安。
3　進学や就職など将来的な不安。
4　病気や事故など悲観的な不安。
5　健康や老後など身体的な不安。

問十　傍線部⑪「シュルツがここで描き出した「安心」の姿は、年齢を超え国境を越えて、広く世界の人々の共感を呼ぶ」と筆者が思うのはなぜか。最適なものを次の選択肢1～5より選びなさい。

1　子供と老人における安心の違いをイメージして欲しいから。
2　シュルツの漫画と登場人物が世界でよく知られているから。
3　子供から大人まで理解することができる漫画だから。
4　親に守られていた子供時代はだれにでもあるから。
5　自分の人生観をかえた作品を読者に伝えたいから。

「安心」の姿は、年齢を越え国境を越えて、広く世界の人々の共感を呼ぶものと思う。

〔出典〕廣淵升彦「安心について」『スヌーピーたちのアメリカ』（新潮文庫）より。

問一　傍線部①〔突然きみは大人になる〕のはなぜか。最適なものを次の選択肢1～5より選びなさい。

1　大人だと自覚した時が大人になることだから。
2　子供の成長はとてもはやいから。
3　親は急に老いてしまうから。
4　ある年齢を境にして大人とみなされるから。
5　人間の力がおよばないものごとのなりゆきだから。

問二　傍線部②における〔不安〕とはどういう不安か。最適なものを次の選択肢1～5より選びなさい。

1　悩みを打ち明けられなくなってしまう不安。
2　心配ごとを引き受けてくれる親がいなくなってしまう不安。
3　突然大人になってしまう不安。
4　二度と後ろの座席で眠れなくなってしまう不安。
5　避けることができない運命にしたがってしまう不安。

問三　傍線部③〔前の座席に行かなければならない〕とはどういうことか。最適なものを次の選択肢1～5より選びなさい。

1　社会的責任や家族の心配事をぜんぶ引き受けること。
2　社会的責任や家族の心配事をみんなで分担すること。
3　積極的に前の座席に行って大人の行動を学ぶこと。
4　積極的に前の座席に行って安心して眠ること。
5　積極的に前の座席に行って将来の夢を大人に聴いてもらうこと。

問四　傍線部④〔昨日まで確かなものとしてそこにあったもの〕としてふさわしくないものを次の選択肢1～5より選びなさい。

1　父の床屋　　2　親子三人
3　2ドアのセダン　　4　母のパンケーキ
5　裕福な家庭

問五　空欄〔⑤〕〔⑥〕に入るべき語として最適なものを次の選択肢1～5より選びなさい。

1　削る　　2　焦がす　　3　切られる　　4　投じる
5　尽くす

問六　傍線部⑦〔この言葉は重い〕のはなぜか。最適なものを次の選択肢1～5より選びなさい。

1　亡くなった母のパンケーキを思い出したときの言葉だから。
2　家庭の平穏が損われたときの言葉だから。
3　癌に侵された母を看病していたときの言葉だから。
4　後ろの座席で眠れなくなったのちの言葉だから。
5　母の死と戦争を体験したのちの言葉だから。

問七　空欄〔⑧〕に入るべき語として最適なものを次の選択肢1～5より選びなさい。

1　恩恵　　2　実現　　3　体験　　4　生活　　5　技術

問八　傍線部⑨〔世界には、この漫画の意味が解せない人々も数多くいる〕と筆者が考えるのはなぜか。最適なものを次の選択肢1～5より選びなさい。

1　世界には漫画を読むことができない人々もいるから。

苦しみはだんだんひどくなっていった。かわいそうなお母さん、ボクらはなにもしてあげることができない。

シュルツは身を［　⑤　］思いだった。

第二次世界大戦は激しさを加えていた。シュルツは、ヨーロッパ戦線への要員として徴兵されたが、出征までの間の毎週末を母のもとで過ごした。身を［　⑥　］闘病ののちに母は死んだ。そして母の葬儀の直後に、シュルツは兵士としてヨーロッパ戦線に出陣していった。

母の死と戦争体験が、シュルツの精神にいつまでも残る影を投げかけた。子供は突然大人になる。そして二度とふたたび後ろの座席では眠れなくなる。作者がチャーリー・ブラウンに語らせている、⑦この言葉は重い。

ところで現代の日本の若者や子供は、この漫画が語るような安心感を経験して育ってきたのだろうと思う。だが一九三〇年代、四〇年代の日本はそうではなかった。自家用車で一家揃《そろ》ってドライブに行って、夜おそく帰ってきて後ろの座席で子供が眠るのが安心だという生活感覚は、ついこの間まではきわめてアメリカ的な感覚であり、日本人にはなじみのないものだった。ヘンリー・フォードがどんな庶民にも買える乗用車を作ろうとして、実際にその夢を実現したのはそう遠い昔のことではなかった。その夢の［　⑧　］を真っ先に受けたのは、もちろんアメリカ人だった。そうしたアメリカ風の生活が、日本や韓国その他の国々でも一般庶民の手の届くものとなるためには、長い年月が要ったし、経済成長が必要だった。

だが⑨世界には、この漫画の意味が解せない人々も数多くいる。一般庶民が自家用車をもつということがどういうことなのかを、絶対に理解できない貧しい国々がいっぱいある。

だから、富める国は貧しい国を助けなければならないとか、南北問題がどうしたとか、第三世界がどうのというようなことを言うつもりは私にはない。ここで言いたいのは、シュルツがこんなにも生き生きと描きだしてくれた「安心」の意味を、生活実感としてとらえることのできない人々がいるという事実、ただそれだけである。

未来がまだはっきり見えてこないころ、子供はいろいろな不安にかられる。希望と不安は一緒に住んでいるみたいだ。人生の真昼時にさしかかると、不安はあってもそれは⑩べつの形のものとなる。

そして老年になって、死が身近に迫ってきた時、不安と安心はまた別の形となって現われるもののようだ。老人にとって、安心というものがどんなに大切かということを、私も自分の母が死を迎える直前になってようやく悟った。なんと感性のにぶい息子であったことかと悔やむ。

老いたる母にとって、安心とは朝、息子が元気で会社へでかける靴《くつ》の音であり、夜、息子が無事に帰ってきてテレビをみながら笑っている笑い声である。安心とは、よくしてくれるお嫁さんが食べさせてくれるご飯であり、たまにお風呂《ふろ》に入って体を洗ってもらうこと、そして一人では動けない自分のために、子供たちがタオルで体を包んでくれて、連れていってくれる寝床のあたたかさであろう。

近所の犬の鳴き声、縁側で日光をあびる陽射《ひざ》しの暖かさ。安心とは年齢によって境遇によって違うもののようだ。

すべての人々が老年にとっての安心のイメージを掴《つか》めるわけではない。だが、子供にとって安心とはどういうものかはだれにでもわかる。我々はかつてみんな子供だったのだ。⑪シュルツがここで描きだした

「どういうふうにさ？」

「安心って何だと思う、チャック？」

「安心ねえ？」

「安心ってのは車の後ろの座席で眠ることさ！」

「きみは小さな子供で、お母さんやお父さんといっしょにどこかへ遠出したとする、あたりはもう夜だ、きみたちは車でうちへ帰るところさ、その時きみは後ろの座席で眠れる」

「きみは何にも心配しなくていい。お母さんとお父さんは前の座席にいる、そして心配ごとはぜんぶ引きうけてくれる。何もかも面倒みてくれる」

「ほんとにすてきね！」

「でもこれはいつまでもつづかないよ！　①突然きみは大人になる、そしてもう二度とこういう具合にはいかなくなるのさ！」

「突然それは終わりになる、きみは二度と後ろの座席で眠れなくなる！　もうけっして眠れないのさ！」

「もうできないの？」

「絶対にできないよ！」

急に②不安にかられたペパーミント　パティは言う。

「私の手をしっかりにぎって、チャック!!」

安心というのは、車の後ろの座席で眠ることだということを、チャーリー・ブラウンにさらりと言わせるシュルツの着想は抜群である。しかも、それは長くは続かない。人間は大人になる。そして③前の座席に行かなければならない。これは避けることができない運命《さだめ》であり、後ろの座席で眠ることはもうけっして、「絶対にできない《アブソリュートリー・ネヴァー》」のである。

この会話は、自分自身の少年時代の思い出に基づいていると作者は告白している。

シュルツはひとりっこだった。家はけっして裕福ではなかったが、生真面目に働く父とやさしい母がいた。父のカールはミネソタ州セントポールの床屋さんだった。彼はいっさい危険なことはせず、たまの休みには店の掃除をするくらいの生真面目な人だった。一九三〇年代の大《だい》恐慌《きょうこう》の時代、失業者が町にあふれている時代だったが、カールは家族に心配をかけまいと、朝から晩まで客の頭を刈り続けた。一人分三十五セントの料金を受け取り、このきびしい時代を生き延びて2ドアのセダンを買った。その車で親子三人は時々ドライブに行くことができた。

幼いシュルツはいっさいの悩みごとを忘れて、安心しきって後ろの座席で眠ることができた。家庭はあたたかくて、母はおやつにパンケーキを焼いてくれた。パンケーキを食べられるというのは、一九三〇年代のアメリカではかなりの豊かさの証明だったらしい。シュルツは自分の家が裕福なのだと思っていた。だが、のちに彼は我が家がけっして裕福ではなく、母が苦しい家計をやりくりして、自分のためにパンケーキを焼いてくれたのだと知るようになる。

それでも、家庭の平穏はそこなわれることなく続いていった。しかし、彼が高校生活を終わるころ、母は癌《がん》に侵されて寝たきりになった。④昨日まで確かなものとしてそこにあったものが、急に失われたのだ。確かなものとは家庭の平穏であった。少年の衝撃は大きかった。

母ディナは苦しみもがき、夜中に苦痛の叫び声をあげた。それが毎晩続いた。父と子は眠れなかった。近所の人の迷惑にならないように、夜中に薬局に行けるように、一家は引っ越しをして母の看病をした。母の

1　ゴールを決めた選手をほめたたえている。
2　ゴールを決めた選手をうらやましく感じている。
3　ゴールを決めた選手が気を抜かないよう心配している。
4　パスを出した選手がくやしくおもっている。
5　パスを出した選手が自慢している。

問四　傍線部④〔妙な〕とほぼ同じ意味になる語として最適なものを次の選択肢1～5より選びなさい。

1　不吉な　　2　不思議な　　3　不敵な　　4　不可解な
5　不安な

問五　傍線部⑤〔先程〕とは具体的にどういう時か。最適なものを次の選択肢1～5より選びなさい。

1　友達が頭をくしゃくしゃにした時。
2　体育の授業でサッカーの試合がはじまった時。
3　選手が一気にゴールにむかって攻め込んだ時。
4　ゴールした生徒の笑顔が見えた時。
5　終業のチャイムが鳴り校庭に誰もいなくなった時。

問六　傍線部⑥〔濃密〕の対義語として最適なものを次の選択肢1～5より選びなさい。

1　薄弱　　2　軽薄　　3　薄情　　4　希薄　　5　手薄

問七　傍線部⑦〔日常のマンネリ〕を言い換えた句として最適なものを次の選択肢1～5より選びなさい。

1　ぬるい時間　　2　ながれている時間
3　あたたかい時間　　4　とまっている時間
5　やわらかい時間

問八　傍線部⑧〔如実に〕とほぼ同じ意味になる語として最適なものを次の選択肢1～5より選びなさい。

1　じっくり　　2　ゆっくり　　3　はっきり　　4　さっぱり
5　すっきり

問九　空欄〔⑨〕に入るべき語として最適なものを次の選択肢1～5より選びなさい。

1　空間　　2　日常　　3　実感　　4　時間　　5　現実

問十　本文の結論として最適なものを次の選択肢1～5より選びなさい。

1　日常の薄い時間と全く同じ時刻にも濃密な時間が流れる瞬間がある。
2　日常の薄い時間よりも濃密な時間が流れる瞬間を大事にすべきだ。
3　日常の薄い時間を生きていると濃密な時間が流れる瞬間に気づかない。
4　日常の薄い時間と濃密な時間が流れる瞬間を意識して生活した方がよい。
5　日常の薄い時間があるからこそ濃密な時間が流れる瞬間を実感することができる。

【4】　次の文章を読み、後の問に答えなさい。

ペパーミント　パティがまた悩みを打ち明けている。チャーリー・ブラウンはいつものように、木に背をもたせかけて聞いている。

「近ごろ私、何にでもくよくよしてるみたいなの！」

顔が遠目にもはっきり見えた時、僕は、なぜか④妙な想いにとらわれてしまった。試合が再開して、間もなく終業のチャイムが鳴った。僕もはっと我に返り、ネクタイを結ぶのが途中であったことに気づいた。時間にしたら、わずか2～3分のことだったと思う。

　僕は、ネクタイをまた絞め始めながら、⑤先程から続いている妙な気持ちについてぼんやり考え始めた。

　ゴールした生徒にとって、あの数秒の出来事は、これから生きていく未来の所々で何度も思い出される瞬間になるのではないだろうか。その位、その生徒にとって、⑥濃密な時間が流れていたように思われた。僕も、学生の時アイスホッケーの練習試合で、先輩の出してくれた実にきれいなセンタリングを逆サイドから思い切りシュートしたことがあり、その時のことが、未だに妙なリアリティーを持って自分の中に存在している。目の前にうねって近づいてくるパック、キーパーの脇から開いたゴールがはっきり見える。シュート、そして、パックは吸い込まれるようにゴールに入っていく。歓声。その全てが、今までの人生の中で、何度と無くスローモーションのように再生されてきた。「あまりに現実を生き生きと生きすぎていた為に濃密な時間が流れていた瞬間」である。

　窓から見下ろしたサッカーの試合を見て妙な気持ちになったのは、僕にそのリアリティーが訪れたからではもちろん無い。むしろ、僕は生き生きと生きているというリアリティーから一番遠い、⑦日常のマンネリのまっただ中にいて、ワイシャツを選びネクタイを絞めていた。その、薄い時間とまったく同じ時刻にその濃密な時間を体中に通過させている一中学生を隣に見て、愕然《がくぜん》としたのだ。『今、あの生徒はあの特別な時間を獲得した』という恐らく本人にはまだわかっていないことが僕にはわかり、妙な気持ちになったのだ。

　ぬるいお風呂の中に熱いお湯を足しているとき、その温度差の境目が目ではわからなくても体で⑧如実に感じるように、僕は、自分に流れていた時間の薄さと数百メートル先の中学生に流れていた時間の濃さを実感してしまった。テレビでワールドカップの試合を見ていてもこんな気持ちにはならなかっただろう。ワールドカップに出場している選手達とは、同じ空間にはいない、先程のお風呂に喩《たと》えれば、同じ〔　⑨　〕という風呂釜の中のお湯ではないのだ。

　身支度《みじたく》をすっかり終え、もう一度、窓に戻って中学校を見ると、もう次の授業がはじまっていた。体育の授業はなく、校庭には、誰もいなかった。

〔出典〕　佐藤雅彦「隣の校庭」『毎月新聞』（中公文庫）より。

一部ふりがなを加えた。

問一　空欄〔①〕に入るべき語として最適なものを次の選択肢1～5より選びなさい。

1　寂しい　　2　切ない　　3　重い　　4　軽い　　5　快い

問二　傍線部②〔手を首の所にやったまま〕はどういう動作をあらわしているか。最適なものを次の選択肢1～5より選びなさい。

1　ネクタイを結ぶ手が開いている。

2　ネクタイを結ぶ手が戻っている。

3　ネクタイを結ぶ手が迷っている。

4　ネクタイを結ぶ手が動いている。

5　ネクタイを結ぶ手が止っている。

問三　傍線部③〔頭をくしゃくしゃにした〕はどういう気持をあらわしているか。最適なものを次の選択肢1～5より選びなさい。

【国語】（五〇分）〈満点：一〇〇点〉

【1】傍線部の訓よみに用いる漢字として最適なものを選択肢1～5より選びなさい。

問一　工事を請けおう
1 追　2 負　3 押　4 逐　5 応

問二　災難にあう
1 遭　2 会　3 合　4 逢　5 遇

問三　両手をさし出す
1 刺　2 指　3 射　4 差　5 挿

問四　委員会にはかる
1 図　2 計　3 測　4 諮　5 量

問五　音楽をきく
1 聴　2 効　3 利　4 聞　5 訊

【2】対義語（ある基準のもとで意味が対立または正反対になる語）として最適なものを選択肢1～5より選びなさい。

問一　権利
1 結果　2 義務　3 重要　4 可能　5 積極

問二　理想
1 努力　2 人生　3 現実　4 永遠　5 信頼

問三　物質
1 精神　2 柔軟　3 抽象　4 宇宙　5 存在

問四　過失
1 遺失　2 成功　3 故意　4 困難　5 拾得

問五　生産
1 勤勉　2 失業　3 需要　4 消費　5 供給

【3】次の文章を読み、後の問に答えなさい。

ひと月ほど前のことである。どうしても朝起きられず、11時頃にやっと起き出し［ ① ］気持ちで身支度《みじたく》を始めた。もう何十年も毎朝やってきたように、洋服ダンスから白いワイシャツを取り出し、クリーニングの透明な袋を破き、ネクタイを選ぶ。窓からは薄日が差し込んでいて、僕はネクタイを結びながら何気なくその窓に近づいた。

僕の住んでいるマンションから、真下に中学校の校庭が見える。校庭では、3年生位の男子が体育の授業でサッカーの試合をやっていた。ゼッケンを胸につけている子といない子がいるので、それでチームを分けているらしい。きれいなパスも時々出る。不器用ながらもドリブルをしながらフェイントもあり、それなりにハラハラさせる。僕は、②手を首の所にやったまま思わず試合に見入ってしまった。そのうち、ゼッケンをつけた方の選手が相手チームのパスをカットし、単独、敵陣地に切り込んだ。他の選手も一気にゴールに向かって攻め込む。相手ディフェンスのしつこいチェックでスピードが緩んだものの、なんとか粘り、逆サイドにいた味方に長いパスを出した。パスを受けた選手はノーマークになった。ゴールキーパーが素早く移動し、守りに入ろうとした瞬間、その選手は思い切り右足でシュートした。ボールは、ネットを鋭くふくらませゴールの右上に刺さるように入った。ホイッスルが鳴る。素晴らしくきれいなシュートだ。ゴールした選手に友達が2、3人かけより、③頭をくしゃくしゃにした。センターラインに戻る途中、その生徒の笑

MEMO

大切なことはメモしておこうネ！

2020年度

解　答　と　解　説

《2020年度の配点は解答欄に掲載してあります。》

＜数学解答＞

[1]　(1)　ア　9　(2)　イ　8　(3)　ウ　1　(4)　エ　4　(5)　オ　0　(6)　カ　5

[2]　(1)　ア　3　イ　8　ウ　3　(2)　エ　2　オ　4　(3)　カ　7　キ　1
ク　7　ケ　8　(4)　コ　－　サ　1　(5)　シ　6　(6)　ス　9

[3]　ア　1　イ　0　ウ　4　エ　1　オ　5

[4]　(1)　ア　2　イ　1　(2)　ウ　2　エ　4　(3)　オ　－　カ　6
(4)　キ　－　ク　3　ケ　9　(5)　コ　1　サ　5

[5]　ア　4　イ　0　ウ　1　エ　0

[6]　(1)　ア　2　イ　4　ウ　4　エ　2　オ　3
(2)　カ　2　キ　0　ク　4　ケ　3　(3)　コ　7　サ　4　シ　2

[7]　(1)　ア　2　イ　5　(2)　ウ　2　エ　5

○配点○

[1]・[2]　各3点×12　[3]　6点　[4]　(1)～(3)　各4点×3　(4)・(5)　各5点×2

[5]　6点　[6]・[7]　各6点×5　計100点

＜数学解説＞

[1]　(数の計算，平方根)

基本　(1)　$6-(-1)+2=6+1+2=9$

(2)　$9\times8-(-8)^2=72-64=8$

(3)　$-1.5\times3^2+14.5=-1.5\times9+14.5=-13.5+14.5=1$

(4)　$\left(\frac{1}{2}\right)^2\times\frac{8}{7}\div\frac{1}{14}=\frac{1}{4}\times\frac{8}{7}\times\frac{14}{1}=4$

(5)　$7\sqrt{3}-\sqrt{75}-\frac{6}{\sqrt{3}}=7\sqrt{3}-5\sqrt{3}-2\sqrt{3}=0$

(6)　$(\sqrt{6}-1)(\sqrt{6}+1)=(\sqrt{6})^2-1^2=6-1=5$

[2]　(文字式の計算，因数分解，1次方程式，2次方程式，式の値)

(1)　$(3x-1)(x+3)=3x^2+9x-x-3=3x^2+8x-3$

基本　(2)　$x^2+2x-8=(x-2)(x+4)$

(3)　$4x^2-7x+2=0$　解の公式にあてはめる。$x=\frac{-(-7)\pm\sqrt{(-7)^2-4\times4\times2}}{2\times4}=\frac{7\pm\sqrt{49-32}}{8}=\frac{7\pm\sqrt{17}}{8}$

(4)　$\frac{x-1}{2}=\frac{2x-3}{5}$　両辺を10倍すると$5(x-1)=2(2x-3)$　$5x-5=4x-6$　$x=-1$

(5)　$x:8=3:4$　$4x=24$　$x=6$

(6)　$x=6$，$y=3$のとき，$x^2-xy-y^2=6^2-6\times3-3^2=36-18-9=9$

[3] (時差)

$240 \div 15 = 16$時間の時差があることになる。日本を2月10日午前10時に出発すると，ボルダーに到着するのは10時間15分後なので，日本時間で2月10日午後8時15分　　時差16時間を考えると，現地時間で2月10日，午前4時15分

[4] (図形と関数・グラフの融合問題)

(1)　$y=2x-3$…①と$y=-3x+7$…②の交点の座標は，①，②を連立方程式と考えてx，yを解けば求まる。$2x-3=-3x+7$　　$5x=10$　　$x=2$　　①に代入すると$y=2\times2-3=1$　　(2，1)

(2)　$y=x^2$…③と$y=x+2$…④の交点の座標も，③，④を連立方程式と考えてx，yを求めればよい。$x^2=x+2$　　$x^2-x-2=0$　　$(x+1)(x-2)=0$　　$x=-1, 2$　　$x=-1$のとき，②に代入して$y=-1+2=1$　　$x=2$のとき，②に代入して$y=2+2=4$　　交点は$(-1, 1)$，$(2, 4)$

(3)　B(2，4)　　傾き-1なので求める直線は$y=-x+b$とおくことができるが，Bを通ることから$-2+b=4$　　$b=6$　　求める直線は$y=-x+6$…⑤

(4)　③と⑤を連立方程式と考えてx，yを解けばよい。$x^2=-x+6$　　$x^2+x-6=0$　　$(x+3)(x-2)=0$　　$x=2, -3$　　$x=2$のときがBなので，Cは$x=-3$のときで，$y=(-3)^2=9$　　C$(-3, 9)$

やや難　(5)　Aを通り，y軸に平行な直線と$y=-x+6$の交点をDとおくと，D$(-1, 7)$　　△ABC＝△ABD＋△ACD$=\frac{1}{2}\times6\times3+\frac{1}{2}\times6\times2=9+6=15$

重要　[5] (食塩水の濃度)

食塩水Aをag，食塩水Bをbg混ぜたとする。食塩水全体の重さについて$a+b=50$…①　　食塩の重さについて，$0.05a+0.15b=0.07\times50$…②　　②は100倍して$5a+15b=350$　　5で割って　$a+3b=70$　　ここから①をひくと$2b=20$　　$b=10$　　①に代入すると$a+10=50$　　$a=40$

[6] (空間図形の計量)

重要　(1)　Oから面ABCDに垂線をおろし，面ABCDとの交点をJとおくと，JはACとBDの交点にもなる。正方形ABCDの対角線であるBD$=2\sqrt{2}$なのでBJ$=\sqrt{2}$，△OBJは∠OJB$=90^\circ$の二等辺三角形なので，三平方の定理より$\mathrm{OJ}^2=\mathrm{OB}^2-\mathrm{BJ}^2=4-2=2$　　OJ$=\sqrt{2}$　　立体の体積＝立方体ABCD－EFGHの体積＋四角錐O－ABCDの体積$=2^3+2^2\times\sqrt{2}\times\frac{1}{3}=8+\frac{4\sqrt{2}}{3}=\frac{24+4\sqrt{2}}{3}$

(2)　△OBCは1辺2の正三角形。OからBCに垂線をおろし，BCとの交点をKとおくと，△OBKは30°，60°，90°の角をもつ直角三角形で，BK＝1，OK$=\sqrt{3}$となる。この立体の表面積＝四角錐O－ABCDの側面4枚＋立方体ABCDEFGHの面5枚$=\frac{1}{2}\times2\times\sqrt{3}\times4+2\times2\times5=20+4\sqrt{3}$

やや難　(3)　OJの延長と面EFGHの交点をLとおくと，Lは正方形EFGHのEGとFHの交点になる。△OLGは直角三角形となるので三平方の定理を利用すると，$\mathrm{OG}^2-\mathrm{IG}^2=\mathrm{OL}^2+\mathrm{LG}^2-\mathrm{IG}^2=(\sqrt{2}+2)^2+(\sqrt{2})^2-1^2=2+4\sqrt{2}+4+2-1=7+4\sqrt{2}$

[7] (確率)

(1)　カードの引き方は(1，2)，(1，3)，(1，4)，(1，5)，(2，3)，(2，4)，(2，5)，(3，4)，(3，5)，(4，5)の10通り。その中で和が偶数となるのは(1，3)，(1，5)，(2，4)，(3，5)の4通りなのでその確率は$\frac{4}{10}=\frac{2}{5}$

(2)　(1)と違い，カードを引く順番も問題にあるので，引き方は(1，2)，(1，3)，(1，4)，(1，5)，(2，1)，(2，3)，(2，4)，(2，5)，(3，1)，(3，2)，(3，4)，(3，5)，(4，1)，(4，2)，(4，3)，(4，5)，(5，1)，(5，2)，(5，3)，(5，4)の20通り。その中で1枚目のカードの数を十の位，2枚

目のカードの数を一の位として二桁の数を作ったとき，その数が3の倍数となるのは(1，2)，(1，5)，(2，1)，(2，4)，(4，2)，(4，5)，(5，1)，(5，4)の8通り。したがってその確率は$\frac{8}{20}=\frac{2}{5}$

★ワンポイントアドバイス★

計算や方程式，関数を中心に様々な問題が出題されている。基本～標準レベルの問題を，正確にすばやく処理する訓練をしておく必要がある。教科書にある典型的な問題をくりかえし練習しておこう。

＜英語解答＞

【1】 (1) ① (2) ③ (3) ③ (4) ② (5) ①

【2】 (6) ⑦ (7) ① (8) ② (9) ⑤ (10) ③

【3】 (11) ② (12) ③ (13) ⑤ (14) ④ (15) ⑦

【4】 (16) ③ (17) ④ (18) ② (19) ① (20) ② (21) ④ (22) ③
(23) ② (24) ③ (25) ④ (26) ② (27) ②

【5】 (28) ④ (29) ② (30) ④ (31) ① (32) ①

【6】 (33) ② (34) ⑤ (35) ① (36) ④ (37) ③ (38) ③ (39) ③
(40) ①

【7】 (41) ① (42) ④ (43) ④ (44) ① (45) ③ (46) ②

○配点○

【6】(39)，(40)，【7】 各3点×8 他 各2点×38 計100点

＜英語解説＞

基本 【1】 (アクセント)

(1) ①のみ第1音節，それ以外は第2音節。

(2) ③のみ第1音節，それ以外は第2音節。

(3) ③のみ第1音節，それ以外は第2音節。

(4) ②のみ第1音節，それ以外は第2音節。

(5) ①のみ第1音節，それ以外は第2音節。

基本 【2】 (単語)

(6) sea「海」↔ land「陸」

(7) high「高い」↔ low「低い」

(8) son「息子」↔ daughter「娘」

(9) soft「やわらかい」↔ hard「かたい」

(10) cool「涼しい」↔ warm「暖かい」

【3】 (会話文)

(11) Will you ～?「～しませんか」勧誘の文になる。

(12) Shall I ～?「～しましょうか」申し出の文になる。

(13) 昨日のことを言っているので，過去形を用いる。

(14) studyingがあるので，進行形の文になる。

(15) beenという過去分詞があるので，現在完了の文になる。

重要【4】（語句選択問題：助動詞．不定詞，接続詞，進行形，付加疑問文，比較，間接疑問文，感嘆文）

(16) 助動詞willの後は，動詞の原形になる。

(17) 主語はMasashi and Iなので，be動詞はwereを用いる。

(18) この場合のto readは不定詞の副詞的用法である。

(19) 〈It is ~ for 人 to …〉「人にとって…することは~だ」

(20) 後に文が来ているので，接続詞thatを用いる。

(21) 〈be動詞＋~ing〉で進行形になる。

(22) 前が肯定文の場合には，否定疑問don't youを用いて付加疑問文を作る。

(23) thanがあるため，比較級を用いる。

(24) 〈疑問詞＋主語＋動詞〉で間接疑問文の語順となる。

(25) 〈How ＋形容詞＋主語＋動詞！〉で感嘆文の語順となる。

(26) have to ~「~しなければならない」

(27) 〈look ＋形容詞〉「~に見える」

【5】（長文読解問題・Eメール：内容吟味，要旨把握）

（全訳）

From：エミー・ジョーンズ

To：オオミチ　シンゴ

日付：9月17日

題名：ゲームクラブ

－－－－－－－－－－－－－－－－－－－－－－－－－－－－－－

こんにちは。

ねぇ，聞いて！私は，Eスポーツクラブに入ったのよ。本当に楽しいわ。私たちはみんな同じゲームをして，それについて一緒に話すのよ。毎週火曜日と水曜日と金曜日の放課後，教室に集まります。あなたがゲームをするのが大好きだと知っています。クラブに参加しない？最近，Eスポーツはとても人気です。たくさんの種類のEスポーツのゲームがあります。今月，Horror and Dancingと呼ばれるゲームをするつもりよ。私の家の近くのゲームショップには，そのゲームがなかったので，探したわ。あなたは，Fun Fun Gameストアとインターネットの両方で買うことができるわ。Fun Fun Gameストアで値段をチェックしたけど，インターネットよりも高いと思うわ。私はインターネットで買ったの。あなたにクラブに参加してほしいわ。あなたのようにおもしろくてかしこい人が必要なのよ。今，11人のメンバーがいます。私たちは15人欲しいと思っています。あなたならクラブでゲームをして楽しむと思うわ。参加してくれることを願っています。

エミー

From：オオミチ　シンゴ

To：エミー・ジョーンズ

日付：9月18日

題名：ごめんなさい

－－－－－－－－－－－－－－－－－－－－－－－－－－－－－－

やあ，エミー

Eメールありがとう。Eスポーツクラブは楽しそうだね。でも参加できないんだ。なぜなら，火曜日と水曜日の放課後絵画教室があるからです。ところで，ちょうど3日前，Horror and Dancing

をしたよ。わくわくするゲームだと知っています。君が知っている新しいゲームについて教えてよ。もし来週末ヒマなら映画館に行こう。

楽しんでね！

オオミチ　シンゴ

(28)　How often は回数をたずねる疑問文である。Eスポーツクラブは，火，水，金曜日の3回ある。

(29)　Eスポーツクラブは教室で集まっている。

(30)　シンゴは火曜日と水曜日に絵画教室があるので参加できない。

(31)　エミーはインターネットで Horror and Dancing を買ったと言っている。

(32)　Eスポーツクラブは現在11人だが，15人欲しいと言っている。

基本 **【6】（会話文：語句補充，内容吟味）**

（全訳） アレックス：こんにちは。

ジューン　：…あ，こんにちは。

アレックス：どうしたの？大丈夫？

ジューン　：大丈夫ではないわ。スマートフォンをなくしたの。

アレックス：それは気の毒だね。スマートフォンなしでは生活できないね。

ジューン　：そうなの。昨日からSNSをチェックしてないよ。友だちが何しているか分からないわ。

アレックス：心配しないで。何もしてないよ。ただ，タピオカの写真を撮っているだけだよ。

ジューン　：嫉妬しちゃうな。あなたはスマートフォン使えるわね。

アレックス：わかったよ。手伝うよ。探そう！

ジューン　：本当に？ありがとう。とても優しいわね。

アレックス：それじゃあ．最後にどこで使ったの？

ジューン　：タピオカ屋さんで使ったわ。タピオカの写真を撮って，そして…思い出せない！

アレックス：わかった。タピオカ屋さんに行ってみよう。

～

店員　　　：いらっしゃいませ。

ジューン　：ここでスマートフォンをなくしたと思うのですが。ありますか。

店員　　　：何色ですか。

ジューン　：赤です。

店員　　　：ありますよ。待ってて。あぁ…これはあなたのものですか？

ジューン　：そうです！私のです！ありがとう！

アレックス：向こうに友だちがいるよ。一緒にタピオカを飲もうよ。

ジューン　：うん！その前にタピオカの写真をたくさん撮りましょうよ。

アレックス：わかったよ…

(33)　I'm not. で答えているので，Are you で尋ねている文を選ぶ。

(34)　場所を答えていることから分かる。

(35)　May I help you?「いらっしゃいませ」という意味になる。

(36)　色を答えていることから what color「何色」で尋ねている文を選ぶ。

(37)　It is mine. と答えていることから判断する。

(38)　since があることから，現在完了の継続用法であると判断できる。

(39)　昨日からSNSを見ていないということから，昨日なくしたと判断できる。

(40)　この後，たくさんのタピオカの写真を撮ると言っている。

【7】（長文読解問題・説明文：内容吟味，要旨把握）

（全訳） ジョンは8歳で，弟のトムはジョンの2歳年下だ。ジョンは家でテレビゲームをするのが好きだ。彼はときどき家に友達を招き，一緒にゲームをする。弟のトムはバスケットボールをするのが好きだ。彼は，放課後家の近くの公園で友だちとよくバスケットボールをする。

ある日，お母さんがジョンを呼び，「公園に行ってトムに家に帰るように言ってちょうだい」と言った。ジョンは公園に行き，トムを見つけ，彼と家に帰った。そして，ケーキが待っていた。お母さんはジョンに，「トムとケーキを食べていいわよ。半分に切ってちょうだい」と言った。「わかったよ，お母さん。お安い御用だよ！」と答えた。これは冗談の一種だ。なぜなら，“It's a piece of cake” は「簡単にできるよ」を意味しているからだ。しかし，彼女は全く笑っていなかった。切った後，彼は大きい方を取ろうとした。そのとき，お母さんは「ジョン，紳士になりなさい」と言った。ジョンは「紳士になる？どうやったらなれるの？」と言った。彼女は笑って，「紳士はいつももう一人に大きい方をあげるのよ」と言った。彼女の答えを聞いて，ジョンは弟に大きい方をあげ，小さい方を取った。しかし実は，大きい方が欲しかったのだ。

つぎの週末，お母さんは叔母の家に彼らを連れていった。そして彼女は買い物をするために町に行った。二人の兄弟は，叔母と残されたのだ。彼らは宿題をし，1時間遊んだ。遊び終わった後，叔母はジョンと台所に行った。彼女は彼にケーキを持っていき，切るように頼んだ。そして，彼女は彼に「紳士にならなければだめよ。この意味分かる？」と言った。ジョンはしばらく考え，言った。「紳士になる？どうやってなれるの？」叔母は「紳士はもう一人の人に，大きい方をあげるのよ」と言った。彼は彼女の答えを聞いたとき，笑って弟にケーキを渡し，「このケーキを半分に切りなさい。そして紳士になれよ，トム」と言った。

(41) ジョンはトムの2歳年上である。
(42) 第1段落第2文参照。テレビゲームをするのが好きである。 be fond of ～「～が好きだ」
(43) It's a piece of cake.「お安い御用だ」という意味である。
(44) 第3段落第1文参照。母は，2人を残して買い物をしに町に行った。
(45) 「紳士になる」ということは「もう一人に大きい方をあげる」という意味である。
(46) 弟のトムに「紳士になれ」と言っていることから，大きいケーキが欲しいと判断できる。

★ワンポイントアドバイス★

文法問題の分量が多くなっている。比較的，平易な問題が出題されているので，問題集や過去問を繰り返し解いて，傾向をつかみたい。

＜国語解答＞

【1】 問一 2 問二 1 問三 4 問四 4 問五 1
【2】 問一 2 問二 3 問三 1 問四 3 問五 4
【3】 問一 3 問二 5 問三 1 問四 2 問五 4 問六 4 問七 1
問八 3 問九 2 問十 1
【4】 問一 5 問二 4 問三 1 問四 5 問五 ⑤ 3 ⑥ 1 問六 5
問七 1 問八 3 問九 1 問十 4

○配点○

【1】　各2点×5　　【2】　各2点×5　　【3】　各4点×10

【4】　問五　各2点×2　　他　各4点×9　　　計100点

＜国語解説＞

【1】（漢字）

問一　「請け負う」は，ひきうける，という意味。

問二　「遭う」は，好ましくないことにあう，という意味で使われる。

問三　「差し出す」は，前へ出す，という意味。

問四　意見を尋ね求める，という意味をもつ「諮問」の「諮」である。

問五　「聴衆」の「聴」である。

【2】（対義語）

問一　「権利」は，ある事をする，またはしないことができる能力・自由のこと。「義務」は，法律によって人に課せられる拘束のこと。

問二　「理想」は，考えうる最も完全なもの。「現実」は，現に事実としてあること。

問三　「物質」は物。「精神」は心。

問四　「過失」は，不注意でしでかす思わぬあやまちのこと。「故意」は，わざとすること。

問五　「生産」は，作り出すこと。「消費」は，使い尽くすこと。

【3】（随筆一空欄補充，内容理解，心情理解，語句の意味，対義語，表現技法，主題）

基本　問一　「重い気持ち」は，気持が浮き立たない様子を表している。

問二　「僕はネクタイを結びながら何気なくその窓に近づいた」という状況をとらえる。

問三　「素晴らしくきれいなシュートだ」という状況から考える。

問四　「僕」はこのとき，普通でない不思議な思いにとらわれたのである。

問五　「その生徒の笑顔が遠目にもはっきり見えた時，僕は，なぜか妙な思いにとらわれてしまった」とあることに注目。

基本　問六　「濃密」は，濃くてこまやかなこと。「希薄」は，少なく薄いこと。

問七　「マンネリ」は，固定した型にはまって独創性や新鮮さがない，という意味である。

問八　「如実」は，現実や実際の通りであること。

重要　問九　「ぬるいお風呂の中に熱いお湯を足」すというのは，「日常のマンネリ」の中に中学生の「濃密な時間」が紛れ込んでくる，ということのたとえであることをとらえる。

やや難　問十　問九でとらえた内容から考える。

【4】（論説文一内容理解，表現理解，空欄補充，慣用句，要旨）

問一　時がたてば大人になるというのは，人間の力で変えることはできない運命であるということ。

問二　チャックから「きみは二度と後ろの座席で眠れなくなる！　もうけっして眠れないのさ！」と言われて，ペパーミント・パティが「もうできないの？」と問うていることに注目。

重要　問三　「後ろの座席で眠」っていられる，責任のない子供の時代を過ぎて，「前の座席に行」く，つまり責任や心配を引き受ける大人になるということ。

問四　直前の段落に書かれている内容をとらえる。「家はけっして裕福ではなかった」とあるので，5はふさわしくない。

基本　問五　⑤「身を切られる」は，体を刃物で切られるように感じるほど，つらさがきびしくこたえること。　⑥「身を削る」は，非常な苦労や心痛をすること。

問六　直前の三つの段落と，傍線部⑦のある段落の内容をふまえて選択肢を選ぶ。

問七　「恩恵」は，めぐみや情けのこと。

問八　直後の「一般庶民が自家用車をもつということがどういうことなのかを，絶対に理解できない貧しい国々がいっぱいある」という内容と，直後の段落の内容をふまえると，3が正解である。

問九　人間が大人になってから感じる「不安」の内容をとらえる。

やや難　問十　傍線部⑪の直前の「我々はかつてみんな子供だったのだ」は，誰にでも，親に守られていた子供時代があるということを表している。

★ワンポイントアドバイス★

二つの読解問題は，細かい読み取りが必要とされる。時間内に的確に選択肢を選ぶ力が求められる。漢字，対義語，慣用句などの知識問題も出題されているので，ふだんからいろいろな問題にあたり，基礎力を保持しておこう！

2019年度

★★★★★★★★★★★★★★★★★★★★★★★★

入　試　問　題

2019年度

東京実業高等学校入試問題

【数　学】（50分）〈満点：100点〉

【注意】　①解答が分数になるときは，約分して答えて下さい。

②比を答える問題はもっとも簡単なもので答えて下さい。

［1］ 次の計算をし，$\boxed{}$の中に適する数を入れなさい。

(1)　$7-10-(-5)=\boxed{\text{ア}}$

(2)　$(-3)^2-3^2=\boxed{\text{イ}}$

(3)　$1.75\times4-0.24\div0.04=\boxed{\text{ウ}}$

(4)　$\frac{21}{2}-\frac{5}{6}\times\frac{3}{7}\div\frac{5}{21}=\boxed{\text{エ}}$

(5)　$\sqrt{24}-\frac{4}{\sqrt{6}}\times\frac{\sqrt{36}}{2}=\boxed{\text{オ}}$

(6)　$\frac{\sqrt{21}}{6}\div\sqrt{7}\times\frac{12}{\sqrt{3}}=\boxed{\text{カ}}$

［2］ 次の計算をし，$\boxed{}$の中に適する数を入れなさい。

(1)　$(x+3)(2x-1)=\boxed{\text{ア}}x^2+\boxed{\text{イ}}x-\boxed{\text{ウ}}$

(2)　$x^2+7x-18=(x-\boxed{\text{エ}})(x+\boxed{\text{オ}})$

(3)　1次方程式 $a-4=-2a+5$ の解は $a=\boxed{\text{カ}}$

(4)　2次方程式 $3x^2-6x=0$ の解は $x=\boxed{\text{キ}}$，$\boxed{\text{ク}}$（ただし $\boxed{\text{キ}}<\boxed{\text{ク}}$）

(5)　2次方程式 $x^2-3x+1=0$ の解は $x=\frac{\boxed{\text{ケ}}\pm\sqrt{\boxed{\text{コ}}}}{\boxed{\text{サ}}}$

(6)　$a=4$，$b=-2$ のとき，$a^2+2ab+b^2=\boxed{\text{シ}}$

［3］ 袋の中に赤玉と白玉と青玉が合わせて1120個入っている。これをよくかき混ぜて100個取り出したところ，その中の赤玉は41個，白玉が34個，残りは青玉だった。

(1)　標本における取り出された青玉の割合は$\frac{\boxed{\text{ア}}}{\boxed{\text{イ}}}$である。

(2)　玉を取り出す前，袋の中には青玉がおよそ$\boxed{\text{ウエオ}}$個入っていたと推測される。

(3)　玉を取り出す前，袋の中には赤玉がおよそ$\boxed{\text{カキク}}$個入っていたと推測される。（小数点以下は四捨五入し整数で求めなさい）

[4] 図のように，2つの関数 $y=\frac{3}{2}x^2$ と関数 $y=-\frac{1}{2}x^2$ のグラフ上に2点A，Bがある。A，Bの x 座標がそれぞれ2，-2 であるとき，次の問いに答えなさい。

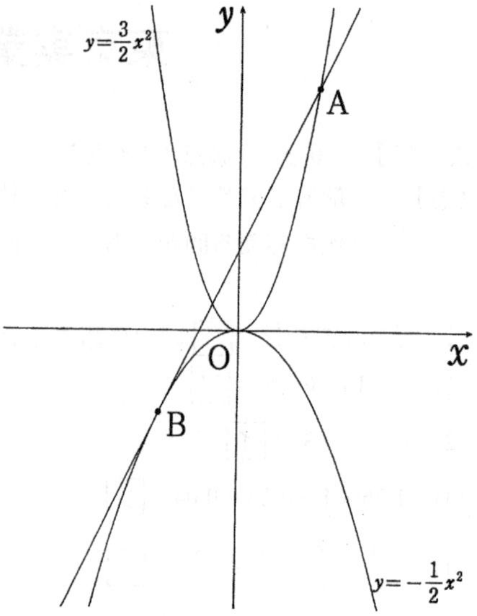

(1) 点Aの y 座標は [ア]，点Bの y 座標は [イウ] である。

(2) 点A，Bを通る直線の方程式は $y=$[エ]$x+$[オ] である。

(3) △ABOの面積は [カ] である。

[5] A地点から180km離れたC地点まで行くために，A地点から途中にあるB地点までは時速30kmで走行し，B地点からC地点までは時速40kmで走行した。その結果，5時間かかったという。それぞれの距離を求めると，

A地点からB地点までは，[アイ] km

B地点からC地点までは，[ウエオ] kmである。

[6] 正三角形を組み合わせて様々な図形を作る。

(1) 正三角形を組み合わせてできる図形のうち，作ることができないのは [ア] である。下の選択肢から適するものを選びなさい。

1. 平行四辺形　　2. ひし形　　3. 長方形　　4. 台形

(2) 正三角形を組み合わせてできる正多角形は，

正 [イ] 角形，正 [ウ] 角形である。（ただし [イ] ＜ [ウ]）

(3) 正三角形を組み合わせてできる正多面体は，

正 [エ] 面体，正 [オ] 面体，正20面体である。（ただし [エ] ＜ [オ]）

(4) 多面体において，面の数をF，頂点の数をV，辺の数をEとすると，$F+V-E=2$ が成り立ち，これをオイラーの多面体定理という。

正20面体について考えると，辺と頂点の数の差は [カキ] である。

[7] 右図のような数直線の原点Oに点Pがある。

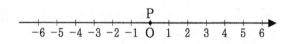

今，大サイコロの目は正の数とし，小サイコロの目は負の数とする。この大小2つのサイコロを振って出た目の和だけ点Pは移動する。

(1) 大小2つのサイコロを同時に1回振るとき，点Pが原点Oにいる確率は $\frac{\boxed{ア}}{\boxed{イ}}$ である。

(2) 大小2つのサイコロを同時に1回振るとき，点Pが－2にいる確率は $\frac{\boxed{ウ}}{\boxed{エ}}$ である。

(3) 大小2つのサイコロを 大→小→大→小… の順で交互に振るとき，大サイコロを2回目に振って点Pが1にいる確率は $\frac{\boxed{オ}}{\boxed{カキ}}$ である。

【英　語】（50分）〈満点：100点〉

【１】次の各組の語の中に，第１音節（１番目の部分）を最も強く発音する語が１つあります。その語の番号を選びなさい。

(1)	①ar-rive	②al-ways	③after-noon	④al-ready
(2)	①en-gi-neer	②e-nough	③tel-e-vi-sion	④e-vent
(3)	①for-get	②fa-mous	③im-por-tant	④Jap-a-nese
(4)	①res-tau-rant	②e-ras-er	③dis-cov-er	④ap-pear
(5)	①be-cause	②be-lieve	③be-tween	④beau-ti-ful

【２】次の英文を途中で１回区切って読むとすれば，どこで区切ったらよいか。区切るところの番号を選びなさい。

(6) What time ① did you meet ② Tadashi ③ last ④ Monday?

(7) How long ① is it ② from ③ your school ④ to the station?

(8) She is going ① to go ② to ③ the museum ④ with her friends.

(9) The house ① whose ② roof ③ is red ④ is mine.

(10) The picture ① on the wall ② is a ③ present ④ from Japan.

【３】次の問答のうち，答えの文について，普通最も強く発音する語の番号を１つずつ選びなさい。

(11) A：Which do you like better, coffee or tea?
B：I① like② coffee③ better④.

(12) A：How does he come to school?
B：He rides a bike① to school② every③ morning④.

(13) A：When did you go to bed last night?
B：I① went to bed② at nine③ last night④.

(14) A：How far is it from here to Yokohama?
B：It① is about② 15③ kilometers④.

(15) A：Can I help you?
B：No①, thank you. I'm② just③ looking④.

【4】次の各文の(　　)内から適語を選びなさい。

(16) I (①have　②should　③could　④would) like to talk with him about this problem.

(17) Can I sit next (①to　②of　③in　④at) you?

(18) I am interested (①with　②by　③at　④in) Japanese culture.

(19) I want something cold (①drink　②drinks　③to drink　④drinking).

(20) She can speak both English (①and　②or　③to　④but) French.

(21) The box was too heavy (①in　②of　③to　④for) Tadashi to carry.

(22) She is (①has　②have　③had　④having) breakfast now.

(23) You don't like mushrooms, (①do you　②does you　③don't you　④doesn't you)?

(24) She is (①tall　②told　③taller　④tallest) than you.

(25) Do you know (①who　②whose　③where　④what) she bought at the store?

(26) (①Who　②Whose　③Where　④What) a day! You finally did it!

(27) I have (①with　②to　③at　④of) tell your father about it.

(28) You (①watch　②look　③see　④is) so happy.

【5】次の英文を読んで，設問に答えなさい。

From: Tanaka Shinji <Shin@fastnet.com>
To: John Randall <j-randall2@tojitsu.com>
Date: December 14
Subject: School Trip

....

Hi, John,

How's everything? Thank you for giving me the movie tickets. I went to the theater with my sister to watch a popular movie two weeks ago. I enjoyed it a lot. When you have free time, I'd like to watch movies with you.

Last week I spent so much time on my homework in my high school and finally finished it this morning. I was very tired and so sleepy!

I went on a school trip to Yakushima Island last month. I was surprised to see how beautiful the nature is.

On the first day, I flew to Kagoshima Airport and arrived at the Yakushima Island by a ship called "Toppy". I went by bus to the famous falls and the beach that sea turtles come to lay their eggs. I couldn't swim because it was cold, but I enjoyed the view. In the afternoon I visited the beautiful Gajumaru Banyan Garden and then the Yakushima Fruits Garden.

The next day, I enjoyed climbing the mountain and trekking the whole day. It took twelve hours to walk in this course. I found small animals and unique plants which I don't see very much around the city. My hobby is climbing mountains and going camping. I was so happy to visit many places.

On the last day, I traveled to Kagoshima by plane and bought something to take home at the gift shop. I bought sweets for my friends, Tankan oranges for my parents. Then we flew back home.

If you have time, tell me about your school trip. I'm looking forward to seeing you.

Your friend,
Shinji

※trekking：歩いて行くこと，トレッキングすること　　lay their eggs：卵を産む

(29) What does Shinji do?
①He writes an e-mail to John.
②He is a high school student.
③He is planning to go to Yakushima Island.
④He is enjoying his school trip.

(30) How many days did he visit Yakushima?
①For two days.　②For three days.
③For the whole day.　④For four days.

(31) When did Shinji go on his school trip?
①In September　②In October
③In November　④In December

(32) Why was Shinji sleepy?
①Because he finished doing his homework.
②Because he got up early to leave for his school trip.
③Because he had to prepare for his school trip.
④Because he got up early to climb the mountain.

(33) What did Shinji buy to take home at the gift shop?
①He bought tickets for flying to Yakushima Island.
②He found small animals and unique plants.
③He bought movie tickets to watch with his sister.
④He bought sweets and Tankan oranges.

(34) 英文の内容と一致しているものを１つ選びなさい。
①John went to the theater with his sister.
②It took twelve hours to fly to Kagoshima Airport.
③Shinji visited famous falls and the beach.
④Shinji was surprised to walk for twelve hours.

【６】次の英文を読んで，設問に答えなさい。

Raymond： Long time no see, Grandma.
Grandma： Thank you for coming. (35) was your trip to Thailand ?
Raymond： It was wonderful. I visited many temples and ate many Thai foods.

Grandma： (36) you get a massage?

Raymond： Yes, I did. When I visited a temple, there was a famous massage clinic. It was very comfortable.

Grandma： Sounds good. (37) was that?

Raymond： It was 500 baht an hour. I think it is cheaper than in America. I recommend you to get a massage when you visit Thailand. By the way, I got something for you.

Grandma： (38) is this?

Raymond： This is a magnet of Thailand. I think you collect magnets.

Grandma： Thank you. I love this. What is this bike printed on the magnet?

Raymond： It's a Tuk-tuk. It is very famous in Thailand. It's like a taxi and a rickshaw. I took a Tuk-tuk a few times. They have a roof but no windows, so we can feel the wind. It was very fantastic. I loved it.

Aunt Alex：I have taken a Tuk-tuk before. It was very nice. I loved it, too.

Raymond： Aunt Alex, I got something for you, too. This Thai snack tastes like banana.

Aunt Alex：I ate one when I visited Thailand many years ago. Thank you but I'm fine.

Raymond： Okay. I'll eat this.

※Thailand：タイ(東南アジアにある王国)　baht：タイの通貨単位　rickshaw：人力車

(35)～(38)に入る最も適切なものを選びなさい。

①When　②Where　③Who　④What　⑤Why

⑥How　⑦How much　⑧Did　⑨Do　⓪Will

(39) 下線部と同じ用法に最も近いものを選び，番号で答えなさい。

①I have watched this movie many times.

②I have just eaten breakfast.

③I have lived in Tokyo for ten years.

④I have already finished my homework.

(40) Aunt Alex はなぜお土産を受け取りませんでしたか。番号で答えなさい。

①おなかいっぱいで食べれないから

②前に食べたことがあるから

③高価なものでもらえないと思ったから

④Raymond のことがきらいだから

【7】次の英文を読んで，設問に答えなさい。

Most of us use salt every day. We use it (41) we cook our food. But we think nothing of it because we can get it at a store or a supermarket at any time we like. It is always there, and we use it without knowing (42) it comes from.

But many years ago in Greece, salt was not as common as it is today. It was not so easy to get it, especially (A) [①far ②for ③who ④lived ⑤the people] from the sea. Most people used no salt in their food at that time. Only rich people could use it (43) it was so expensive.

Salt was once so hard to get (44) it was used as a kind of money. Roman workers were paid all or part of their wages in salt. The English word salary comes from the Latin word salarium. It means "salt money."

Long ago in China, salt was as important as gold. In Europe (45) iceboxes were invented, salt was used to keep meat or fish from going bad. In some parts of Africa salt is taken to market in blocks. These blocks are broken into small pieces for sale. In many parts of the world there are still people who have never seen or tasted salt.

Today, salt in Japan is mainly produced from sea water. (46), salt produced from sea water is only one-fourth of the amount of salt in the world. Many countries get salt from salt rocks and salt lakes. So, some foreigners think that they can get it in the mountains.

※Greece：ギリシャ　Roman：ローマの　wage：賃金　block：かたまり

(41)～(45)に入る最も適した語を下から選びなさい。ただし，同じ語は1度しか用いることはできません。

①because　②who　③that　④when

⑤where　⑥what　⑦before　⑧after

(46)に入る最も適した語を下から選びなさい。

①However　②Also　③Finally　④For example

(47)　下線部(A)を意味が通るように正しく並べ替えたとき，3番目に来る語を答えなさい。

(48)　本文の内容と一致するものを1つ選びなさい。

①It is necessary for our health to have salt.

②Only Rome and China had salt long ago.

③Japan has a lot of salt.

④Salt was the most important food in Greece.

⑤No one goes to the mountains to get salt.

⑥Salt was once used as money.

（1） 思慮

1 感想　2 熟慮　3 感激　4 反抗　5 分別

（2） 過当

1 過度　2 境界　3 範囲　4 適当　5 過密

問四　次の熟語の構成として最適なものを次の1～5よりそれぞれ選びなさい。

（1） 傍聴　（2） 惜別

1 上の字と下の字が反対の意味で並列する。
2 上の字と下の字が似た意味で並列する。
3 上の字が主語で下の字が述語の関係となる。
4 下の字が上の字の目的語または補語となる。
5 上の字が下の字を修飾している。

問五　次の作品の作者名を1～5よりそれぞれ選びなさい。

（1） トロッコ

1 芥川龍之介　2 志賀直哉　3 島崎藤村
4 夏目漱石　5 太宰治

（2） 注文の多い料理店

1 森鷗外　2 宮沢賢治　3 石川啄木
4 萩原朔太郎　5 武者小路実篤

3　社会、人間関係、人生の中で体験する様々な苦しみ
4　社会、人間関係、人生の中でどうしても逃れられない苦しみ
5　社会、人間関係、人生の中で得られる刺激や体験

問十　傍線部⑩「現代文明」は結果として何をもたらすと筆者は考えているか。最適なものを次の1～5より選びなさい。
1　勝利　2　進歩　3　刺激　4　快楽　5　不幸

問十一　傍線部⑪「快楽はあるけれどもよろこびがない、物はあるけれども充足しない」を言い換えた語句として最適なものを次の1～5より選びなさい。
1　無痛文明　2　権力の頂点　3　富の逆説
4　砂糖水の海　5　文明の勝利

問十二　空欄〔⑫〕に入る語として最適なものを次の1～5より選びなさい。
1　無痛化　2　大衆化　3　情報化
4　一元化　5　近代化

問十三　傍線部⑬「砂糖水の中に溺れていく」とは、どういうことか。最適なものを次の1～5より選びなさい。
1　人々が、無痛化社会から得られる快楽や刺激、安楽さや快適さに浸りきって、日常生活からすべてにおいて怠惰したものになっていくこと。
2　人々が、簡単に得られる快楽や刺激、安楽さや快適さに浸りきって、本当の意味での心の充足感を得ることができないまま、日々を過ごしていくこと。
3　人々が、無痛化社会の浸透によって財産、権力、時間、快楽、刺激を手に入れ、そこから得られる「よろこび」のみを求めてしまうようになること。
4　人々が、無痛化社会から得られる快楽や刺激、安楽さや快適さに浸りきって、昔の貴族や王様のように滅亡の道をたどっていってしまうということ。
5　人々が、将来の苦しみやつらさを予測してあらかじめ手を打ち、苦しさから逃げ続けることだけが生きる目的となってしまうということ。

【3】　次の問いに答えなさい。

問一　次の漢字の部首名を1～5よりそれぞれ選びなさい。
(1)　登
1　なべぶた　2　たけかんむり　3　はつがしら
4　うかんむり　5　わかんむり
(2)　難
1　ふるとり　2　ほこづくり　3　あくび
4　きにょう　5　みみへん

問二　傍線部のカタカナを漢字にしたものを1～5よりそれぞれ選びなさい。
(1)　血をトる。
1　採　2　執　3　捕　4　取　5　摂
(2)　自由をオカす
1　犯　2　冒　3　侵　4　岡　5　浸

問三　次の熟語の類義語を1～5よりそれぞれ選びなさい。

ぜか。最適なものを次の1～5より選びなさい。

1　鎮痛剤はその効果が社会的に認められたものではないから。
2　鎮痛剤は必ず痛みや苦しさが取れるわけではないから。
3　鎮痛剤は現代のテクノロジーが産みだしたものではないから。
4　鎮痛剤は苦しみから逃れる仕組みそのものではないから。
5　鎮痛剤は苦しみや痛みを忘れさせる効果しか持たないから。

問五　傍線部⑤〔流れ〕を言い換えた語として最適なものを次の1～5より選びなさい。

1　潮流　2　主流　3　流行　4　風流　5　直流

問六　傍線部⑥〔彼らはイエスとはなかなか答えずに、考え込みます〕について、筆者はどのように考えているか。最適なものを次の1～5より選びなさい。

1　現代の若者たちは無痛化社会が生み出す問題点をうすうすは感じている。
2　現代の若者たちは自分が生きている社会にあまり関心を持っていない。
3　現代の若者たちは無痛化社会の問題点に対する解決策をきちんと持っている。
4　現代の若者たちに無痛化社会という概念はまだまだ浸透していない。
5　現代の若者たちには無痛化社会の問題点が全く見えていない。

問七　傍線部⑦〔「よろこび」が失われていくことだ〕とは、どういうことか。最適なものを次の1～5より選びなさい。

1　社会が無痛化される中で、苦しみから簡単に逃れられ、それを乗り越えるために集団が一つになるというよろこびの感覚を得ることが出来ないということ。
2　社会が無痛化される中で、苦もなく刺激や快楽が手に入れられるが、文化によっては制限があり、全ての人がよろこびを感じることが出来ないということ。
3　社会が無痛化される中で、苦しみから逃れ快楽や刺激を十分に経験し、心から満足してしまい、新たなよろこびを感じなくなってしまうということ。
4　社会が無痛化される中で、刺激や快楽が苦もなく手に入ることに浸りきってしまい、よろこびの感覚を味わうことができなくなってしまうということ。
5　社会が無痛化される中で苦もなく刺激や快楽が手に入れられるが、その感じ方は個人ごとに異なるため、社会のよろこびではなくなってしまうということ。

問八　傍線部⑧〔目隠しをして見ないことにする〕の意味を持つことわざとして最適なものを次の1～5より選びなさい。

1　頭かくして尻かくさず　2　馬の耳に念仏
3　臭いものにふたをする　4　木をみて森をみず
5　能ある鷹は爪をかくす

問九　傍線部⑨〔そういうもの〕とは、何か。最適なものを次の1～5より選びなさい。

1　社会、人間関係、人生の中で逃げ続けることが出来る苦しみ
2　社会、人間関係、人生の中で逃げられることで得られる「よろこび」

を十分に経験することができる。するとどうなるか。「気持ちがいいけれどもよろこびがない、刺激が多いけれども満たされない」、という状態になるのではないでしょうか。これが、⑩現代文明の根本問題だと私は思うのです。

私もここまでいろいろ考えてきてわかったのですが、じつはこれは現代に特有の問題ではないのです。これは、非常に古くから哲学や宗教が、それぞれの時代に即して考えてきたことなのです。

ある人が財産を手に入れ、権力を手に入れ、好きな人を手に入れ、時間を手に入れ、快楽を手に入れ、刺激を手に入れ、さあどうなったかというと、その人の人生は不幸になりました、というお話を我々はたくさん持っています。どの文化でも持っています。これは何を意味しているのか。

やはり人類は昔から、こういう問題に直面してきたのです。⑪快楽はあるけれどもよろこびがない、物はあるけれども充足しないという問題に。ところが、昔の社会では、こういう状況に陥《おちい》る人は少数でした。たとえば、権力の頂点に立って人々から搾取《さくしゅ》している貴族や王族などの、ひとにぎりの人々だけだったでしょう。

すなわち、文明が進歩した結果、昔はひとにぎりの貴族とか王様だけが陥っていた状況が、〔　⑫　〕したと考えられるのです。無痛化する現代文明とは、昔はひとにぎりの人しか抱え込むことのなかった富の逆説を、社会全体で抱え込まなければならなくなった文明のことなのです。

これからの若い人たちがどういう社会を生きなければならなくなるかというと、⑬砂糖水の中に溺《おぼ》れていくような社会ではないかと私は思います。砂糖水は甘くておいしい。しかしこれからの社会は、その砂糖水の海に溺れて、窒息《ちっそく》していくような社会なのではないでしょうか。

〔出典〕森岡正博『生命学をひらく――自分と向き合う「いのち」の思想――』トランスビューより。また一部ふりがなを加えた。

問一　傍線部①〔機関車のように〕を言い換えた語として最適なものを次の1～5より選びなさい。

1　おおよそ　2　ゆっくり　3　ひたすら　4　大きく
5　確実に

問二　傍線部②〔社会の無痛化〕とは、どういうことか。最適なものを次の1～5より選びなさい。

1　苦しみやつらさから逃れるテクノロジーを生み出し、それを社会的な仕組みへと発展させること。
2　今不安に思っている肉体的な苦しみやつらさから逃れるものを生み出し、社会的に貢献すること。
3　今まで予想もしなかったような新たな問題から逃れるものを生み出し、社会的に認められること。
4　将来起きるかもしれない苦しみやつらさが起きないよう手を打ち、今後社会的に支援を行うこと。
5　苦しみやつらさから逃れるものを生み出し、それを社会的な「よろこび」へと変えていくこと。

問三　空欄〔③〕に入る語として最適なものを次の1～5より選びなさい。

1　主体的　2　論理的　3　直観的　4　客観的
5　感傷的

問四　傍線部④〔私が言いたい無痛化ではない〕と筆者が考えるのはな

　正確に言えば、今あるつらさや苦しみから、我々がどこまでも逃げ続けていけるような仕組みが、社会の中に張りめぐらされていくこと、これを私は「無痛化」という言葉で呼んでいます。ですから、たんに、病気でどこかが痛いときに鎮痛剤をつかうことが、④私が言いたい無痛化ではないのです。そうではなくて、暑いのがいやだったら、暑いことから逃げるテクノロジーをどんどんつくる。何かこころの悩みがあるのなら、それを消す薬を開発して飲む。人間関係が苦しいのなら、そこから逃げる。親の介護が苦しければ、親をどこか見えないところにやってしまう。そういうふうにして、目の前に起こってくる苦しみやつらさから、次々と逃げ続けていけるような仕組みを社会の中に張りめぐらせていくこと、これを、私は無痛化と呼んでいます。

　無痛化は、いま目の前にある苦しいことやつらいことから次々に逃げるだけではなくて、もう一つの特徴を持っています。それは、将来起きるかもしれない苦しみやつらさを予測して、あらかじめ手を打つことです。つまり、苦しみやつらさが起きないように、あらかじめ次々と手を打っていくのです。そして、現代の科学技術や医療技術は、そのような社会の進み方をサポートする方向にどんどん進んでいるのではないでしょうか。私はそういう⑤流れを無痛化と呼んでいます。そういう方向に向かって、機関車のように邁進《まいしん》している我々の文明のことを、「無痛文明」と呼んでいます。無痛文明が最も進んでいるのは、おそらくアメリカ合衆国と日本ではないでしょうか。

　では、苦しみからどこまでも逃げ続けていく仕組みが社会の中で発展したとして、それのどこが悪いのか、という疑問が浮かぶと思います。文明の進歩とはそういうものであっただろう。それは文明の輝かしい勝利なのではないか、何てすばらしいんだ、と。はたして、そうでしょうか。

　これは非常に悩ましく難しい問題です。現代哲学が正面から立ち向かって、深く掘り下げるべき問題ではないかと思います。いま体験しているさまざまな苦しみ、将来ふりかかってくるであろうさまざまな苦しみ、そういうものから、多くの人々が次々と逃げ続けることができるような仕掛けが張りめぐらされている社会は、いい社会だと思いますか。みなさん、どうお考えでしょうか。

　この問いかけを若い人たちにすると、⑥彼らはイエスとはなかなか答えずに、考え込みます。

　苦しみから次々と逃げ続けることができるのは文明の勝利だし、それでどこが悪いのかと問われたとき、私はどう答えるか。そこに何か問題があるとすれば、それは我々から⑦「よろこび」が失われていくことだ、というのが私の結論です。

　苦しみから次々に逃れていったあとに何が残るかというと、快楽と快適さと安楽さが残ります。社会の中で、人間関係の中で、人生の中で体験する苦しみからどんどん逃れていき、そうしてどうしても逃れられない苦しみがあれば、それに⑧目隠しをして見ないことにする。すると、⑨そういうものは全部目の前からなくなって、そのあとに何が残るかというと、快楽、快適さ、安楽さが残る。ほしい刺激は手に入れられる、楽をしたいときには楽ができる。こういう状態になるのです。

　もちろん今の段階の文明は、まだそこまで行ってはいません。そこを目指して動きはじめたところですから、まだそこまで行っていないのですが、もしそこまで行き着いてしまったらどうなるのか。苦しみからいくらでも逃れ続けることができ、快楽、刺激、安楽さ、快適さ、これら

4　秘密の釣り場で泳いでいる無数の魚を関根圭太の死体と見間違えて声をあげてしまうほど、強い罪悪感を抱いている。

5　ある程度の時間がたち、関根圭太が死んだ用水路を訪れることが出来るくらいには気持ちに落ち着きが出てきている。

問九　傍線部⑧「死んだように」の表現技法として最適なものを次の1～5より選びなさい。

1　擬人法　2　暗喩法　3　直喩法

4　倒置法　5　対句法

問十　傍線部⑨「蝶めがけて石を投げた」から読み取ることができる竜夫の心情として最適なものを次の1～5より選びなさい。

1　関根圭太を殺した黒と白の精緻な縞模様の蝶に対しての憎しみや憤りを抑えることが出来ない気持ち。

2　関根圭太を殺したように思えた蝶を捕まえられないことに焦りを感じ、そんな自分を責める気持ち。

3　関根圭太の父が口走る言葉が、クラスで流行りだしたことに対する憤りを抑えられない気持ち。

4　関根圭太のように好きな英子を螢狩りに誘うことが出来ない自分のふがいなさにいら立っている気持ち。

5　関根圭太が死んだことによって生じたはっきりとしない思いに胸がつかえるとともに、憤っている気持ち。

【2】　次の文章を読み、後の問に答えなさい。

いま私は、「無痛化」という言葉をキーワードに、いろいろなことを考えています。

無痛化とは何かというのはすぐ後で言いますが、今の社会、特に日本や米国の社会は、無痛化の方向に向かって①機関車のように邁進《まいしん》していると私は考えています。現代のテクノロジーは、我々の②社会の無痛化をサポートする方向に進んでいるのではないか。そのことによって、我々は今まで予想もしなかったような新たな問題を抱え込みはじめているのではないか。

無痛化について若い人たちに話すと、〔　③　〕にすっとわかってくれます。細かい論理などではなく、感覚でわかってくれるのです。私がいま不安に思っていることを、感覚をわかってくれます。これは彼らが過ごしてきた社会と、我々の先輩たちが若いときに体験した社会が、ずいぶん違うからだと思います。

たとえば、いまこの部屋には空調が利《き》いています。今日は外が涼しいからこんなに利かせる必要はないと思うのですが、この空調のおかげで、我々は夏でも非常に快適に会議ができます。五十年前にこんなことが可能だったでしょうか。不可能です。三十度以上の猛暑の中で、汗をたらしながら議論をしていたと思います。その中で、熱射病にかかったりしたかもしれません。そういう肉体的な苦しみやつらさがありました。

ところが、暑い中で仕事をするのはいやだ、つらい、苦しいとなるのが人間でしょう。ならばどうするか。そのつらさや苦しみを消すテクノロジーを発展させればいいのです。そして現実に、そのような技術を開発してきました。これが無痛化のよい例です。

みなさんも他の実例をさまざまに思いつくと思います。こういう話をすると、すぐにおわかりと思いますが、そもそも文明の進歩とは無痛化を進めることではないのか、と考えることもできます。

3　押し入れの暗闇で、古びた自転車を懸命にこいで道の向こうに消えていった関根圭太の姿を思い出そうとしたから。

4　誰にも見られることなく関根圭太が死んでしまった悲しみに思う存分ひたれば、気持ちがおさまるだろうと思ったから。

5　親しくしていた関根圭太が死んだという事実を受け入れることが出来ず、自分自身の気持ちの整理がつかなかったから。

問四　傍線部③〔自分も一緒に釣りに行っていれば、関根は死ななかったろうかと思った〕から読みとることができる竜夫の心情として最適なものを次の1～5より選びなさい。

1　後悔　2　焦燥　3　興奮　4　願望　5　絶望

問五　傍線部④〔教養がないがやと罵る〕について、そのとき圭太の父はどのような精神状態だと考えられるか。最適なものを次の1～5より選びなさい。

1　自分の息子に言われていた言葉にとらわれ、心のバランスを崩した異常な精神状態。

2　自分が息子から罵倒されていた言葉を思い出し、息子に対して改めて恐怖を感じている精神状態。

3　自分の息子に言われていた言葉が、クラスで流行り言葉になっていることに動揺している精神状態。

4　自分が息子に言われていた言葉で、息子の気持ちを客にぶつけずにはいられない精神状態。

5　自分が息子に言われていた言葉を思い出し、恥ずかしさを抑えられない精神状態。

問六　傍線部⑤〔誂えに〕を言い換えた句として最適なものを次の1～5より選びなさい。

1　購入しに　2　依頼しに　3　返却しに

4　売却しに　5　質問しに

問七　傍線部⑥について、竜夫が〔決してその仲間に入っていかなかった〕のはなぜだと考えられるか。最適なものを次の1～5より選びなさい。

1　級友の不可解な死に際しても人はこのように面白がるものだと知り、本当に暗く残念な気持ちになったから。

2　流行り言葉を止めることは出来ないが、自分自身の信念で仲間に入らないことが何よりも大切だと思ったから。

3　関根親子と関わりが深くつらい気持ちが込められた言葉を、皆と同じように面白がる気持ちになれなかったから。

4　級友の皆がどうしてこのような言葉を面白がるのかが、周囲の子よりも大人びた竜夫には理解できなかったから。

5　教師の質問に答えられなかったり忘れ物をしたりすることが、教養がないこととは竜夫は思わなかったから。

問八　傍線部⑦〔用水路まで出向いていった〕から読み取ることができる竜夫の心情として最適なものを次の1～5より選びなさい。

1　自分が一緒に釣りに行かなかったせいで関根圭太が死んだということを、級友から隠し通せた安心感に包まれている。

2　周囲の人たちから聞いただけでは関根圭太の死を信じられず、自分の目で確認したいという強い衝動に駆られている。

3　亡くなった関根圭太の親友として、最期を迎えた用水路の場所を訪れなければならないという使命感に駆られている。

教養がないがや――その言葉は、クラスではしばらくのあいだ、流行《はや》り言葉となった。教師の質問に答えられなかったり、忘れ物をしてきたりすると、きまって誰かがその者を指差して、教養がないがやと笑った。竜夫は⑥決してその仲間に入っていかなかった。

　遅咲きの桜まで散ってしまい、もう明らかに春のものとは言えない日差しが、この北陸の街々を照らし始めたころ、竜夫は自転車に乗って、神通川のほとりの、関根圭太の死体が浮かんでいたという⑦用水路まで出向いていった。黒い水藻《すいそう》に一面に覆われた用水路は、覗《のぞ》き込むと思わず声をあげるほど無数の魚が泳いでいた。

　竜夫は用水路のふちに腰かけて、関根から貰った英子の写真を取り出した。その小箱には、写真と一緒に、※大森亀太郎とのあいだで交わした借用書《しゃくようしょ》も折り畳んで入れてあった。

　竜夫は箱を草の上に置いて寝そべった。〔　ウ　〕、写真の中の英子を見つめた。何度も取り出して飽きることなく眺めつづけた英子の笑顔であった。笑っていても、英子の唇はぽってりとやわらかそうであった。関根なら、きっと堂々と英子に向かって、一緒に螢狩《ほたるが》りに行こうと誘いかけるに違いなかった。英子の写真といい、大森に見せてもらった父の青年時代の写真といい、そのどちらもが同じように桜の巨木の下で撮られていることに、竜夫は不思議な思いを抱いていた。

　水藻にひっかかっている藁《わら》の上に蝶が止まっていた。ちょうど用水路の真ん中あたりで黒と黄の精緻《せいち》な縞《しま》模様を風になぶらせている。竜夫は用水路のふちに腹ばいになり、そっと腕を伸ばしてみた。蝶は⑧死んだように動かなかった。そしてどう体勢を変えてみても届かないのであった。

　竜夫はあきらめて立ちあがった。得体《えたい》の知れない怒りと哀しみが湧《わ》き起こってきた。目の前の蝶が、関根圭太を殺したように思えた。竜夫は⑨蝶めがけて石を投げた。用水路の上を水面すれすれに飛んでいく蝶に向かって教養がないがやとつぶやいてみた。竜夫は草の上に寝転んで眩《まば》ゆい空を見やった。天高く舞う鳶《とび》の泰然《たいぜん》たる円運動があった。

〔出典〕宮本輝『螢川・泥の河』新潮文庫より。
また一部ふりがなと注を加えた。

〔注〕※大森亀太郎とのあいだで交わした借用書……竜夫の父の知人からの借用書。ここでの設問においては、直接関係しない箇所である。

問一　空欄〔ア〕〔イ〕〔ウ〕に入る語の組み合わせとして最適なものを次の1～5より選びなさい。

1　〔ア〕ところが　〔イ〕ちらっと　〔ウ〕つまり
2　〔ア〕ところが　〔イ〕じっと　〔ウ〕そのため
3　〔ア〕例えば　〔イ〕じっと　〔ウ〕だから
4　〔ア〕また　〔イ〕きょろきょろと　〔ウ〕そして
5　〔ア〕ところが　〔イ〕じっと　〔ウ〕そして

問二　傍線部①〔震える手〕から読みとることができる竜夫の心情として最適なものを次の1～5より選びなさい。

1　落胆　2　不満　3　恐怖　4　動揺　5　憤慨

問三　傍線部②について、竜夫が〔押し入れの中に潜り込んだ〕のはなぜだと考えられるか。最適なものを次の1～5より選びなさい。

1　家族や友人に自分の今の気持ちを知られたくないと思い、しばらくは誰にも会わずに過ごしたいと強く思ったから。
2　死んでしまった関根圭太は恐らく暗い所で辛い気持ちだろうと思い、親しかった自分も同じ気持ちになろうとしたから。

【国　語】〈五〇分〉〈満点：一〇〇点〉

【1】次の文章を読み、後の問に答えなさい。なお※印は文章の後に〔注〕があることを示す。

中学三年生の竜夫は友人の圭太に魚釣りに誘われたが、用事があると断った。そこでのやりとりにおいて、竜夫は思いを寄せる英子の写真を圭太から受け取った。圭太の家は洋服の仕立てを仕事としており、高校進学を希望する圭太に対して父は、中学を出たら仕立ての修行をさせたいと考えている。その父に圭太は「父ちゃんは、教養がないがや。」と言って反発していた。竜夫はそのことを知っていた。

関根圭太が神通川で溺れ死んだという報を、竜夫はその翌日、近所に住む級友から伝えられた。その少年は朝一番に教師から知らせを受けて、同じクラスの連中の家を一軒一軒伝えて歩いているのだと言った。葬式は明日の昼からやちゃと言って、級友は急いで帰っていった。

「嘘や。なァん、嘘やちゃ」

竜夫は①震える手で自転車の錠を外すと、関根の家に向かってこいで行った。〈忌〉と書かれた紙が店のガラス窓に貼られ、人の出入りも激しかった。入口のところに級友の一人が立っていたので、竜夫は傍に行き、

「関根が死んだてほんとながか?」

と訊いた。級友は黙ってうなずいた。

「なして死んだがや?」

「新聞にも載っとるがや。神通川の横の用水路に浮いとったて」

「用水路?」

「うん、一人で魚釣りに行って、誤って落ちたがでないがかって……。誰も見とったもんがおらんから、はっきりはわからんて書いてあるちゃ」

神通川の水を引き込んだ深い用水路があることは竜夫も知っていた。あれが秘密の釣り場だったのかと竜夫は思った。

竜夫は家に帰ると井戸水を腹一杯飲んだ。そして②押し入れの中に潜り込んだ。なぜそうしているのか、自分でもわからなかった。襖《ふすま》を閉ざして、狭い押し入れの中に身を屈《かが》め、隙間《すきま》からこぼれてくる光を睨《にら》んでいた。

おとなになっても、ほんとの友達でおるちゃ。関根の声が暗闇の中から聞こえてくるような気がした。③自分も一緒に釣りに行っていれば、関根は死ななかったろうかと思った。体を左右にくねらせながら、古びた自転車を懸命にこいで道の向こうに消えていった関根のうしろ姿が竜夫の胸に浮かび上がってきた。竜夫は自分以外には誰もいない家の押し入れに身を隠していつまでも坐《すわ》り込んでいた。

十日ほどたったころ、関根の父についてある噂がたち始めた。人を見ると、関根の父は怖い目をして、④教養がないがやと罵《ののし》るのだということだった。

初めに異常に気付いたのは服を⑤誂《あつら》えにいった客であった。関根の父は元気のない、やつれた風情《ふぜい》であったが仕事ぶりには何ら変わったことはなかった。〔　ア　〕客が少し難しい註文《ちゅうもん》を出すと、上目使いで〔　イ　〕睨みつけながら、お前は教養がないがやと吐きすてるように叫んで、持っていた巻尺《まきじゃく》を客に向かって投げつけたのだという。

噂を聞いた近所の人が訪れると、関根の父は仕事場の壁に向かって坐ったまま、ときおり、教養がないがやとつぶやいて、明らかに異常な姿をみせていた。

MEMO

大切なことはメモしておこうネ！

2019年度

解　答　と　解　説

《2019年度の配点は解答欄に掲載してあります。》

＜数学解答＞

[1]　(1)　ア　2　(2)　イ　0　(3)　ウ　1　(4)　エ　9　(5)　オ　0　(6)　カ　2

[2]　(1)　ア　2　イ　5　ウ　3　(2)　エ　2　オ　9　(3)　カ　3
　(4)　キ　0　ク　2　(5)　ケ　3　コ　5　サ　2　(6)　シ　4

[3]　(1)　ア　1　イ　4　(2)　ウ　2　エ　8　オ　0
　(3)　カ　4　キ　5　ク　9

[4]　(1)　ア　6　イ　－　ウ　2　(2)　エ　2　オ　2　(3)　カ　4

[5]　ア　6　イ　0　ウ　1　エ　2　オ　0

[6]　(1)　ア　3　(2)　イ　3　ウ　6　(3)　エ　4　オ　8　(4)　カ　1　キ　8

[7]　(1)　ア　1　イ　6　(2)　ウ　1　エ　9　(3)　オ　7　カ　7　キ　2

○配点○

[1]・[2]　各3点×12　[3]　各5点×3　[4]　(1)　各2点×2　(2)・(3)　各4点×2

[5]　6点　[6]　各4点×4　[7]　各5点×3　計100点

＜数学解説＞

[1]　(数の計算，平方根)

基本　(1)　$7-10-(-5)=7-10+5=2$

(2)　$(-3)^2-3^2=(-3)\times(-3)-3\times3=9-9=0$

(3)　$1.75\times4-0.24\div0.04=7-6=1$

(4)　$\dfrac{21}{2}-\dfrac{5}{6}\times\dfrac{3}{7}\div\dfrac{5}{21}=\dfrac{21}{2}-\dfrac{5\times3\times21}{6\times7\times5}=\dfrac{21}{2}-\dfrac{3}{2}=\dfrac{21-3}{2}=\dfrac{18}{2}=9$

(5)　$\sqrt{24}-\dfrac{4}{\sqrt{6}}\times\dfrac{\sqrt{36}}{2}=2\sqrt{6}-\dfrac{4\times\sqrt{36}}{2\times\sqrt{6}}=2\sqrt{6}-2\sqrt{6}=0$

(6)　$\dfrac{\sqrt{21}}{6}\div\sqrt{7}\times\dfrac{12}{\sqrt{3}}=\dfrac{\sqrt{21}\times12}{6\times\sqrt{7}\times\sqrt{3}}=\dfrac{12\times\sqrt{7}\times\sqrt{3}}{6\times\sqrt{7}\times\sqrt{3}}=2$

[2]　(文字式の計算，1次方程式，2次方程式，式の値)

(1)　$(x+3)(2x-1)=2x^2-x+6x-3=2x^2+5x-3$

基本　(2)　$x^2+7x-18=(x-2)(x+9)$

(3)　$a-4=-2a+5$　$a+2a=5+4$　$3a=9$　$a=3$

(4)　$3x^2-6x=0$　$3x(x-2)=0$　$x=0,\ 2$

(5)　$x^2-3x+1=0$　$x=\dfrac{-(-3)\pm\sqrt{(-3)^2-4\times1\times1}}{2\times1}=\dfrac{3\pm\sqrt{5}}{2}$

(6)　$a=4$，$b=-2$のとき，$a^2+2ab+b^2=(a+b)^2=(4-2)^2=2^2=4$

[3]　(標本調査)

(1)　取り出された100個の玉のうち，青玉は$100-41-34=25$個なので，青玉の割合は$\dfrac{25}{100}=\dfrac{1}{4}$

(2)　全部で1120個の中に，(1)で求めたものと同じ割合で青玉が入っているとすると$1120\times\frac{1}{4}=$ 280個

(3)　標本における取り出された赤玉の割合は$\frac{41}{100}$なので，全体の中にも同じ割合で赤玉が存在するとすれば$1120\times\frac{41}{100}=459.2$個　　四捨五入して459個

[4]　(図形と関数・グラフの融合問題)

(1)　点Aは$y=\frac{3}{2}x^2$上の点で$x=2$なので，$y=\frac{3}{2}\times 2^2=6$　　A(2，6)　　点Bは$y=-\frac{1}{2}x^2$上の点で$x=-2$なので，$y=-\frac{1}{2}\times(-2)^2=-2$　　B(−2，−2)

重要　(2)　点A，Bを通る直線の式を$y=mx+n$とおくと，Aを通ることから$2m+n=6$…①　　Bを通ることから$-2m+n=-2$…②　　①−②で$4m=8$　　$m=2$　　これを①に代入すると　$2\times 2+n=6$　$n=2$　　$y=2x+2$

(3)　直線ABとy軸の交点をCとすると，C(0，2)　　$\triangle ABO=\triangle ACO+\triangle BCO=\frac{1}{2}\times 2\times 2+\frac{1}{2}\times 2\times 2=2+2=4$

重要　[5]　(連立方程式の応用)

A地点からB地点までの距離を$x$km，B地点からC地点までの距離を$y$kmとすると，距離について$x+y=180$…①　　時間について$\frac{x}{30}+\frac{y}{40}=5$　　両辺を120倍すると$4x+3y=600$…②　　①×3で$3x+3y=540$なので，②−①×3より$x=60$　　これを①に代入すると$60+y=180$　　$y=120$　　A地点からB地点までは60km，B地点からC地点までは120km

[6]　(正多角形，正多面体)

(1)　正三角形の1つの内角は60°。60°を組み合わせて90°をつくることはできないので，正三角形の組み合わせで作ることができない図形は長方形。

(2)　1つの内角が60°である正三角形と，1つの内角が120°(＝60°＋60°)である正六角形を作ることができる。

(3)　1つの頂点に3枚の正三角形を集めてできる正四面体と，1つの頂点に4枚の正三角形を集めてできる正八面体と，1つの頂点に5枚の正三角形を集めてできる正二十面体の3つを作ることができる。

やや難　(4)　正20面体は，正三角形20枚を組み合わせてできている。1つの正三角形には3本の辺があるので，20枚の正三角形で20×3＝60(本)の辺ができるが，正二十面体を組み立てるときに2本の辺を1つに重ねることになるのでE＝60÷2＝30　　1つの正三角形には3つの頂点があるので，20枚の正三角形で20×3＝60(個)の頂点ができるが，正二十面体を組み立てるときに5つの頂点を1つに重ねるので，V＝60÷5＝12　　E−V＝30−12＝18

[7]　(確率)

(1)　大小2つのサイコロを同時に1回振るとき，点Pが原点Oにいるのは，大サイコロの目(正)と小サイコロの目(負)の和が0になるときである。6×6＝36(通り)の目の出方のうち，(1，−1)，(2，−2)，(3，−3)，(4，−4)，(5，−5)，(6，−6)の6通りなので，その確率は$\frac{6}{36}=\frac{1}{6}$

(2)　点Pが−2にいるのは大サイコロの目と小サイコロの目の和が−2になるときなので，(1，−3)，

(2, −4), (3, −5), (4, −6)の4通りなので，その確率は$\frac{4}{36}=\frac{1}{9}$

やや難 (3)　2回目までの和が0になる6通りについては3回目に1がでれば点Pが1にいることになる。2回目までの和が−1になる(1, −2), (2, −3), (3, −4), (4, −5), (5, −6)の5通りについては3回目に2が出れば点Pが1にいることになる。2回目までの和が−2になる4通りについては3回目に3が出れば点Pが1にいることになる。2回目までの和が−3になる(1, −4), (2, −5), (3, −6)の3通りについては3回目に4がでれば点Pが1にいることになる。2回目のまでの和が−4になる(1, −5), (2, −6)の2通りについては3回目に5が出れば点Pが1にいることになる。2回目までの和が−5になる(1, −6)の1通りについては3回目に6が出れば点Pが1にいることになる。3回目までの目の出方6×6×6=216(通り)のうち，点Pが1にいるのは6+5+4+3+2+1=21(通り)　確率は$\frac{21}{216}=\frac{7}{72}$である。

★ワンポイントアドバイス★

[1][2]に基本的な計算が並ぶので，いかに正確に，素早く仕上げるかが重要。後半には方程式の文章題や図形と関数・グラフの融合問題，確率，統計などさまざまな分野の問題が出題されるので，単元のかたよりなく，基本を身につけておくことが重要。

<英語解答>

【1】	(1) ②	(2) ③	(3) ②	(4) ①	(5) ④		
【2】	(6) ③	(7) ②	(8) ④	(9) ④	(10) ②		
【3】	(11) ③	(12) ①	(13) ③	(14) ③	(15) ①		
【4】	(16) ④	(17) ①	(18) ④	(19) ③	(20) ①	(21) ④	(22) ④
	(23) ①	(24) ③	(25) ④	(26) ④	(27) ②	(28) ②	
【5】	(29) ②	(30) ②	(31) ③	(32) ①	(33) ④	(34) ③	
【6】	(35) ⑥	(36) ⑧	(37) ⑦	(38) ④	(39) ①	(40) ②	
【7】	(41) ④	(42) ⑤	(43) ①	(44) ③	(45) ⑦	(46) ③	(47) ③
	(48) ⑥						

○配点○

【6】 (40)，【7】 (46)～(48)　各3点×4　他　各2点×44　計100点

<英語解説>

基本 【1】 (アクセント)

(1) ① ar-ríve　③ after-nóon　④ al-réady

(2) ① en-gi-néer　② e-nóugh　④ e-vént

(3) ① for-gét　③ im-pór-tant　④ Jap-a-nése

(4) ② e-rás-er　③ dis-cóv-er　④ ap-péar

(5) ① be-cáuse　② be-líeve　③ be-twéen

基本 【2】（くぎり）

(6)「時」を表す修飾語句の前で区切る。

(7) 前置詞が作る修飾語句の前で区切る。

(8) 前置詞が作る修飾語句の前で区切る。

(9) The house whose roof is red が主語となっているので主語の後で区切る。

(10) The picture in the wall が主語となっているので主語の後で区切る。

基本 【3】（強勢）

(11)「コーヒー」か「紅茶」かを聞かれているので，選んだ方を強く読む。

(12) How を用いて尋ねられているので，交通手段を強く読む。

(13) 昨夜「いつ」寝たのかを尋ねられているので，時刻を強く読む。

(14) How far を用いて尋ねられているので，距離を強く読む。

(15) 相手の申し出を断る場合は，No を強く読む。

重要 【4】（語句選択問題：不定詞，前置詞，受動態，接続詞，進行形，付加疑問文，比較，間接疑問文，感嘆文，助動詞）

(16) would like to「～したい」

(17) next to「～の隣に」

(18) be interested in「～に興味がある」

(19) 〈something ＋形容詞＋ to ～〉の語順になる。

(20) both A and B「AもBも両方とも」

(21) too ～ for A to …「Aにとって…するには～すぎる」

(22) be動詞があるため，進行形の文になる。

(23) 付加疑問文は前が否定のとき，肯定の疑問になる。

(24) than があるため，比較級にする。

(25) 間接疑問文は〈know ＋疑問詞＋主語＋動詞〉の語順になる。

(26) What a day!「なんて日だ！」

(27) have to「～しなければならない」

(28) 〈look ＋形容詞〉「～に見える」

【5】（長文読解問題・Eメール：内容吟味，要旨把握）

（全訳） From：タナカシンジ〈Shin@fastnet.com〉

To：ジョン・ランドール〈j-randall2@tojitsu.com〉

日付：12月14日

題名：修学旅行

－－－－－－－－－－－－－－－－－－－－－－－－－－－－－

やあ，ジョン

調子はどう？映画のチケットをくれてありがとう。2週間前人気の映画を見るために妹と映画館に行ったよ。とても楽しみました。ひまなとき，君と映画を見たいよ。

先週，高校の宿題に多くの時間をかけて，ようやく今朝終わったんだ。とても疲れて眠いよ！

先月屋久島に修学旅行に行きました。とても美しい自然を見て驚きました。

初日，鹿児島空港に飛行機で行き，「トッピー」という船で屋久島に到着しました。バスで有名な滝やウミガメが卵を産みにくる海岸に行きました。寒かったので泳げなかったけど，景色を楽しんだよ。午後，ガジュマル・バンヤン園を訪れ，そして屋久島フルーツガーデンに行きました。

次の日，一日中山に登ったりトレッキングをしたりして楽しんだんだ。このコースを歩くのに12

時間かかったよ。街中ではあまり見ない小動物や植物を見ました。僕の趣味は山登りとキャンプに行くことです。たくさんの場所に行ってとても楽しかったよ。

最終日，鹿児島まで飛行機で行き，土産屋で家へのおみやげを買ったよ。友だちにはお菓子を買い，両親にはタンカンを買いました。そして飛行機で帰りました。

もし君が時間があれば，君の修学旅行について教えてよ。会えるのを楽しみにしています。

シンジ

(29) 〈What do 人 do?〉で職業をたずねる文になる。

(30) 第4段落～第6段落参照。3日間屋久島に滞在していることがわかる。

(31) このメールは12月14日出されたもので，先月屋久島に行ったとあるから11月に訪れた。

(32) 第2段落参照。宿題をしていたので，非常に疲れて眠いとある。

(33) シンジが買ったものは友だちへのお菓子と両親へのタンカンである。

(34) ① 「ジョンは妹と映画館に行った」 第1段落第3文参照。映画館に行ったのは信二なので不適切。 ② 「鹿児島空港まで飛行機で12時間かかった」 第5段落第2文参照。12時間かかったのはトレッキングなので不適切。 ③ 「シンジは有名な滝と海岸を訪れた」 第4段落第2文参照。滝とウミガメが産卵する海岸に行ったので適切。 ④ 「シンジは12時間歩いて驚いた」 第5段落最終文参照。いろいろな場所に行けてうれしかったので不適切。

【6】 **(会話文：語句補充，内容吟味)**

(全訳) レイモンド：久しぶり，おばあちゃん。

おばあさん：来てくれてありがとう。タイへの旅はどうだった？

レイモンド：素晴らしかったよ。たくさんの寺を訪れ，たくさんのタイ料理を食べたよ。

おばあさん：マッサージは受けたの？

レイモンド：うん。寺に行ったとき，有名なマッサージ店があったよ。とても快適でした。

おばあさん：それはよかったね。いくらだったの？

レイモンド：1時間500バーツだったよ。アメリカよりも安いと思うよ。タイに行ったらマッサージを受けることをお勧めするよ。ところで，おばあちゃんのためのものを手に入れたんだ。

おばあさん：それは何だい？

レイモンド：これはタイのマグネットです。マグネットを集めていると思って。

おばあさん：ありがとう。とても気に入ったわ。マグネットに印刷されているこの自転車は何？

レイモンド：それはトゥクトゥクだよ。タイではとても有名なんだ。タクシーや人力車のようなものだよ。何回かトゥクトゥクに乗ったよ。屋根があるけど窓がないので，風を感じることができるんだ。とても素敵だったよ。とても気に入ったんだ。

アレックス：私も以前トゥクトゥクに乗ったことがあるわ。とても素敵よね。私も大好きなの。

レイモンド：アレックスおばさん，あなたのためのものも手に入れたんだ。これはタイのお菓子でバナナの味がするよ。

アレックス：何年も前にタイを訪れたとき，食べました。ありがとう，でも大丈夫よ。

レイモンド：わかったよ，僕が食べるね。

(35) How is ～?「～はどうですか」

(36) Yes, I did. と答えていることから，Did you で始まる疑問文だとわかる。

(37) 1時間500バーツと答えていることから，値段を尋ねていることがわかる。

(38) レイモンドのお土産が何か尋ねている。

(39) 「～したことがある」の経験用法である。

(40) アレックスおばさんの最後の発言に，何年も前にタイに行ったとき食べたとある。

【7】（長文読解問題・説明文：内容吟味，要旨把握）

（全訳） 我々のほとんどは毎日塩を使っている。私たちは料理をするとき，塩を使う。しかし，私たちは塩のことを何も考えない。なぜなら好きなときにいつでも店やスーパーマーケットで手に入れられるからだ。いつもそこにあり，どこから来たのかを知らずに使っている。

しかし，ギリシャで何年も前，塩は今日ほど一般的ではなかった。塩を手に入れるのは簡単ではなかったのである。特に，海から遠く離れて住んでいる人にとっては難しかった。当時，大部分の人は食べ物に塩を使わなかった。塩は高価だったので，豊かな人だけが使ったのである。

塩はかつて手に入れるのが難しかったので，お金として使われた。ローマの労働者は賃金の全てもしくは一部を塩で支払われた。英単語の salary はラテン語の salarium から来ている。それは「塩のお金」を意味している。

古代の中国では，塩はお金と同じくらい大切だった。ヨーロッパでは，冷蔵庫が発明される前，塩は肉や魚が腐らないようにするために使われた。アフリカのある地域では，塩はかたまりで市場に持っていかれる。これらのかたまりは売るために小さく砕かれる。世界の多くの場所では，塩を見たことも食べたこともない人がいる。

今日，日本の塩は主に海水から作られている。しかしながら，海水から作られる塩は世界の塩の4分の1しかない。多くの国は，岩塩や塩湖から塩を得ている。だから，外国人は山で塩が取れると思っている。

(41) 料理をする「とき」に塩を使うので when を用いる。

(42) where it comes from で間接疑問文になっている。

(43) 塩は高価だった「ので」豊かな人しか使えなかったため because を用いる。

(44) so ~ that …「とても～ので…」

(45) 冷蔵庫が発明される「前」には塩を用いていたため before を用いる。

(46) However「しかしながら」

(47) (especially) for the people who lived far (from the sea.) who 以下は前の名詞を修飾する主格の関係代名詞となっている。

(48) ①「健康のために塩を取ることが必要だ」 健康については触れられていないため不適切。
②「昔，ローマと中国だけが塩を持っていた」 ヨーロッパでも使われていたため不適切。
③「日本にはたくさんの塩がある」 日本の塩の量には触れられていないため不適切。
④「塩はギリシャで最も大切な食べ物だった」 第2段落第3文参照。当時は食べ物に塩を入れていないので不適切。 ⑤「塩を取るために誰も山に行かない」 第5段落最終文参照。多くの国では岩塩や塩湖で塩を取るため不適切。 ⑥「塩はかつてお金として使われていた」 第3段落第1文参照。塩を取ることは難しかったため，お金として使われていたので適切。

★ワンポイントアドバイス★

発音・アクセント問題，文法問題の比重が比較的高くなっている。教科書に載っているような表現をきちんと身につけ，基礎力を充実させたい。

＜国語解答＞

【1】 問一 5　問二 4　問三 5　問四 1　問五 1　問六 2　問七 3
問八 5　問九 3　問十 5

【2】 問一 3　問二 1　問三 3　問四 4　問五 1　問六 1　問七 4
問八 3　問九 3　問十 5　問十一 3　問十二 2　問十三 2

【3】 問一 (1) 3　(2) 1　問二 (1) 1　(2) 3　問三 (1) 5　(2) 1
問四 (1) 5　(2) 4　問五 (1) 1　(2) 2

○配点○

【1】 問一・問二・問四・問六・問九　各3点×5　他　各4点×5

【2】 問二・問四・問六・問七・問十二・問十三　各4点×6　他　各3点×7

【3】 各2点×10　計100点

＜国語解説＞

【1】（小説一空欄補充，心情理解，内容理解，表現技法，主題）

問一　ア　空欄の前後が逆の内容になっているので，逆接の接続語が入る。　イ「じっと」は，目を凝らす様子を表す。　ウ　空欄の前の事柄に，あとの事柄をつけ加えているの，累加(添加)の接続語が入る。

問二　竜夫は，友人の圭太の死を知って動揺している。

問三　傍線部②のあとに「自分以外には誰もいない家の押し入れに身を隠していつまでも坐りこんでいた」とある。竜夫は，親しかった圭太の死に対して自分の気持ちが落ち着かず，誰もいないところに一人こもっていたのである。

問四「後悔」は，前にしたことをあとになって悔いること。

問五　小説の前のあらすじの部分に，「その父に圭太は『父ちゃんは，教養がないがや。』と言って反発していた」とあることに注目。圭太が死んでしまって父は，圭太が生前言っていた「教養がないがや」という言葉にとらわれ，心の平安を失っているのである。

問六「誂える」は，注文して作らせること。

問七　問五でとらえた内容と関連させて考える。圭太は，「教養がないがや」という言葉に，竜夫とその父にまつわるつらい気持ちを感じており，その言葉を面白がる気持ちにはなれなかったのである。

重要　問八　傍線部⑦の前に「遅咲きの桜まで散ってしまい，もう明らかに春のものとは言えない日差しが，この北陸の街々を照らし始めたころ」とあることから，竜夫の死から少しの期間が過ぎたことがわかる。竜夫の死に対して心を整理できずにいた圭太だったが，少し時間がたって，圭太が死んだ用水路に行くことができる程度には，落ち着いてきたということである。

基本　問九「ように」「ようだ」などを使ってたとえるのは直喩の表現である。

やや難　問十　傍線部⑨の前に「得体のしれない怒りと哀しみが涌き起こってきた。目の前の蝶が，関根圭太を殺したように思えた」とあることに注目。竜夫は，圭太の死によって生じた混乱した思いをいまだ整理できないまま，わけのわからない憤りを感じているのである。

【2】（論説文一表現理解，内容理解，空欄補充，ことわざ，指示語，要旨）

問一　直後の「邁進」は，勇み立ってひたすら進むこと。「機関車」はここでは，ひたすら進むもの，という意味で使われている。

問二　五つあとの段落に「今あるつらさや苦しみから，我々がどこまでも逃げ続けていけるような仕組みが，社会の中に張りめぐらされていくこと，これを私は『無痛化』という言葉で呼んでいます」「目の前に起こってくる苦しみやつらさから，次々と逃げ続けていけるような仕組みを社会の中に張りめぐらせていくこと，これを，私は無痛化と呼んでいます」とあることに注目。

問三　直後の「細かい論理などではなく，感覚をわかってくれるのです」という内容に合うものを選ぶ。

問四　傍線部④の直後の「そうではなくて，……」の部分に注目。「目の前に起こってくる苦しみやつらさから，次々と逃げ続けていけるような仕組みを社会の中に張りめぐらせていくこと」を筆者は「無痛化」と呼んでいる。「鎮痛剤」はこのような無痛化の仕組みとは違うものである。

問五　「流れ」はここでは，「社会の進み方」，世間のなりゆきという意味で使われている。この意味に合うのは「潮流」である。

問六　「若い人たち」が「無痛化」を手放しで肯定することができないのは，「無痛化」にも問題点があることをうすうすとわかっているからである。

重要　問七　直後の二つの段落の内容が，選択肢の4に合致している。

問八　「臭いものにふたをする」は，悪事や醜聞などを，他に漏れないように一時しのぎに隠そうとすることのたとえ。

問九　「全部目の前からなくなって」いくものは何かを，直前からとらえる。

問十　二つあとの段落に「ある人が財産を手に入れ，……刺激を手に入れ，さあどうなったかというと，その人の人生は不幸になりました，というお話を我々はたくさん持っています」とあり，次の段落に「人類は昔から，こういう問題に直面してきた」とあることに注目。筆者は「現代文明」は結果として「不幸」をもたらすと考えているのである。

問十一　傍線部⑪の問題は，直後の段落の「昔はひとにぎりの人しか抱え込むことのなかった富の逆説」の問題にあたる。

やや難　問十二　「ひとにぎりの人」だけでなく，大衆の多くの人々が問題を抱え込むようになったということ。

問十三　直後の「砂糖水は甘くておいしい。しかしこれからの社会は，その砂糖水の海に溺れて，窒息していくような社会なのではないでしょうか」に注目。「砂糖水は甘くておいしい」は，簡単に得られる快楽や刺激，快適さなどを表している。そこに浸りきってしまうと，「溺れて窒息していく」つまり，本当の意味での心の充足を得られなくなっていくということである。

【3】（漢字の部首，同訓異字，類義語，熟語の構成，文学史）

基本　問一　(1)　部首が「はつがしら」の漢字にはほかに，「登」などがある。　(2)　部首が「ふるとり」の漢字にはほかに，「雑」「離」「雄」などがある。

問二　(1)　「採血」という熟語を思い出すとよい。　(2)　「侵害」という熟語を思い出すとよい。

問三　(1)　「思慮」「分別」はどちらも，考えること，思案をめぐらすこと，という意味。

(2)　「過当」「過度」はどちらも，適当な程度を越えること，という意味。

問四　(1)　「傍らで聴く」と読める。　(2)　「別れを惜しむ」と読める。

問五　(1)　芥川龍之介(1892年～1927年)は小説家。小説に『羅生門』『地獄変』『河童』など。

(2)　宮沢賢治(1896年～1933年)は詩人・童話作家。詩集に『春と修羅』，童話に『銀河鉄道の夜』『風の又三郎』など。

★ワンポイントアドバイス★

読解問題に細かい読み取りが必要とされる。時間内に的確に選択肢を選ぶ力が求められる。漢字の部首，熟語の構成，文学史，などの知識問題も出題されているので，ふだんからいろいろな問題にあたり，基礎力を保持しておこう！

MEMO

大切なことはメモしておこうネ！

解答用紙集

○月×日 △曜日　天気（合格日和）

◆ご利用のみなさまへ
＊解答用紙の公表を行っていない学校につきましては、弊社の責任において、解答用紙を制作いたしました。
＊編集上の理由により一部縮小掲載した解答用紙がございます。
＊編集上の理由により一部実物と異なる形式の解答用紙がございます。

人間の最も偉大な力とは、その一番の弱点を克服したところから生まれてくるものである。――カール・ヒルティ――

※データのダウンロードは 2024 年 3 月末日まで。

東京学参株式会社

東京実業高等学校　2023年度

◇数学◇

※ 135%に拡大していただくと，解答欄は実物大になります。

記入方法

1. 記入は、必ずＨＢの黒鉛筆で、◯ の中を正確に、ぬりつぶしてください。
2. 書き損じた場合は、プラスチック製消しゴムできれいに消してください。
3. 用紙を、折曲げたり汚さないでください。

良い例	●
悪い例	∅ ● ⦶ ⊙

問			解答記入欄
〔1〕	(1)	ア	⊖ ⓪ ① ② ③ ④ ⑤ ⑥ ⑦ ⑧ ⑨
	(2)	イ	⊖ ⓪ ① ② ③ ④ ⑤ ⑥ ⑦ ⑧ ⑨
	(3)	ウ	⊖ ⓪ ① ② ③ ④ ⑤ ⑥ ⑦ ⑧ ⑨
	(4)	エ	⊖ ⓪ ① ② ③ ④ ⑤ ⑥ ⑦ ⑧ ⑨
	(5)	オ	⊖ ⓪ ① ② ③ ④ ⑤ ⑥ ⑦ ⑧ ⑨
	(6)	カ	⊖ ⓪ ① ② ③ ④ ⑤ ⑥ ⑦ ⑧ ⑨
〔2〕	(1)	ア	⊖ ⓪ ① ② ③ ④ ⑤ ⑥ ⑦ ⑧ ⑨
		イ	⊖ ⓪ ① ② ③ ④ ⑤ ⑥ ⑦ ⑧ ⑨
		ウ	⊖ ⓪ ① ② ③ ④ ⑤ ⑥ ⑦ ⑧ ⑨
	(2)	エ	⊖ ⓪ ① ② ③ ④ ⑤ ⑥ ⑦ ⑧ ⑨
		オ	⊖ ⓪ ① ② ③ ④ ⑤ ⑥ ⑦ ⑧ ⑨
		カ	⊖ ⓪ ① ② ③ ④ ⑤ ⑥ ⑦ ⑧ ⑨
	(3)	キ	⊖ ⓪ ① ② ③ ④ ⑤ ⑥ ⑦ ⑧ ⑨
		ク	⊖ ⓪ ① ② ③ ④ ⑤ ⑥ ⑦ ⑧ ⑨
	(4)	ケ	⊖ ⓪ ① ② ③ ④ ⑤ ⑥ ⑦ ⑧ ⑨
	(5)	コ	⊖ ⓪ ① ② ③ ④ ⑤ ⑥ ⑦ ⑧ ⑨
		サ	⊖ ⓪ ① ② ③ ④ ⑤ ⑥ ⑦ ⑧ ⑨
		シ	⊖ ⓪ ① ② ③ ④ ⑤ ⑥ ⑦ ⑧ ⑨
	(6)	ス	⊖ ⓪ ① ② ③ ④ ⑤ ⑥ ⑦ ⑧ ⑨
		セ	⊖ ⓪ ① ② ③ ④ ⑤ ⑥ ⑦ ⑧ ⑨

問			解答記入欄
〔3〕	(1)	ア	⊖ ⓪ ① ② ③ ④ ⑤ ⑥ ⑦ ⑧ ⑨
		イ	⊖ ⓪ ① ② ③ ④ ⑤ ⑥ ⑦ ⑧ ⑨
	(2)	ウ	⊖ ⓪ ① ② ③ ④ ⑤ ⑥ ⑦ ⑧ ⑨
	(3)	エ	⊖ ⓪ ① ② ③ ④ ⑤ ⑥ ⑦ ⑧ ⑨
〔4〕	(1)	ア	⊖ ⓪ ① ② ③ ④ ⑤ ⑥ ⑦ ⑧ ⑨
		イ	⊖ ⓪ ① ② ③ ④ ⑤ ⑥ ⑦ ⑧ ⑨
	(2)	ウ	⊖ ⓪ ① ② ③ ④ ⑤ ⑥ ⑦ ⑧ ⑨
		エ	⊖ ⓪ ① ② ③ ④ ⑤ ⑥ ⑦ ⑧ ⑨
		オ	⊖ ⓪ ① ② ③ ④ ⑤ ⑥ ⑦ ⑧ ⑨
	(3)	カ	⊖ ⓪ ① ② ③ ④ ⑤ ⑥ ⑦ ⑧ ⑨
		キ	⊖ ⓪ ① ② ③ ④ ⑤ ⑥ ⑦ ⑧ ⑨
		ク	⊖ ⓪ ① ② ③ ④ ⑤ ⑥ ⑦ ⑧ ⑨
		ケ	⊖ ⓪ ① ② ③ ④ ⑤ ⑥ ⑦ ⑧ ⑨
		コ	⊖ ⓪ ① ② ③ ④ ⑤ ⑥ ⑦ ⑧ ⑨
	(4)	サ	⊖ ⓪ ① ② ③ ④ ⑤ ⑥ ⑦ ⑧ ⑨
		シ	⊖ ⓪ ① ② ③ ④ ⑤ ⑥ ⑦ ⑧ ⑨
		ス	⊖ ⓪ ① ② ③ ④ ⑤ ⑥ ⑦ ⑧ ⑨
		セ	⊖ ⓪ ① ② ③ ④ ⑤ ⑥ ⑦ ⑧ ⑨

問			解答記入欄
〔5〕		ア	⊖ ⓪ ① ② ③ ④ ⑤ ⑥ ⑦ ⑧ ⑨
		イ	⊖ ⓪ ① ② ③ ④ ⑤ ⑥ ⑦ ⑧ ⑨
		ウ	⊖ ⓪ ① ② ③ ④ ⑤ ⑥ ⑦ ⑧ ⑨
		エ	⊖ ⓪ ① ② ③ ④ ⑤ ⑥ ⑦ ⑧ ⑨
		オ	⊖ ⓪ ① ② ③ ④ ⑤ ⑥ ⑦ ⑧ ⑨
		カ	⊖ ⓪ ① ② ③ ④ ⑤ ⑥ ⑦ ⑧ ⑨
〔6〕	(1)	ア	⊖ ⓪ ① ② ③ ④ ⑤ ⑥ ⑦ ⑧ ⑨
		イ	⊖ ⓪ ① ② ③ ④ ⑤ ⑥ ⑦ ⑧ ⑨
		ウ	⊖ ⓪ ① ② ③ ④ ⑤ ⑥ ⑦ ⑧ ⑨
	(2)	エ	⊖ ⓪ ① ② ③ ④ ⑤ ⑥ ⑦ ⑧ ⑨
	(3)	オ	⊖ ⓪ ① ② ③ ④ ⑤ ⑥ ⑦ ⑧ ⑨
		カ	⊖ ⓪ ① ② ③ ④ ⑤ ⑥ ⑦ ⑧ ⑨
〔7〕	(1)	ア	⊖ ⓪ ① ② ③ ④ ⑤ ⑥ ⑦ ⑧ ⑨
	(2)	イ	⊖ ⓪ ① ② ③ ④ ⑤ ⑥ ⑦ ⑧ ⑨
		ウ	⊖ ⓪ ① ② ③ ④ ⑤ ⑥ ⑦ ⑧ ⑨
	(3)	エ	⊖ ⓪ ① ② ③ ④ ⑤ ⑥ ⑦ ⑧ ⑨
		オ	⊖ ⓪ ① ② ③ ④ ⑤ ⑥ ⑦ ⑧ ⑨
		カ	⊖ ⓪ ① ② ③ ④ ⑤ ⑥ ⑦ ⑧ ⑨
		キ	⊖ ⓪ ① ② ③ ④ ⑤ ⑥ ⑦ ⑧ ⑨

東京実業高等学校　2023年度

◇英語◇

※ 135％に拡大していただくと，解答欄は実物大になります。

記入方法

1. 記入は、必ずＨＢの黒鉛筆で、〇の中を正確に、ぬりつぶしてください。
2. 書き損じた場合は、プラスチック製消しゴムできれいに消してください。
3. 用紙を、折曲げたり汚さないでください。

良い例	●
悪い例	∅ ● ⦶ ⊙

問		解答記入欄
【1】	(1)	① ② ③ ④
	(2)	① ② ③ ④
	(3)	① ② ③ ④
	(4)	① ② ③ ④
	(5)	① ② ③ ④
	(6)	① ② ③ ④
	(7)	① ② ③ ④
	(8)	① ② ③ ④
	(9)	① ② ③ ④
	(10)	① ② ③ ④
【2】	(11)	① ② ③ ④ ⑤ ⑥ ⑦
	(12)	① ② ③ ④ ⑤ ⑥ ⑦
	(13)	① ② ③ ④ ⑤ ⑥ ⑦
	(14)	① ② ③ ④ ⑤ ⑥ ⑦
	(15)	① ② ③ ④ ⑤ ⑥ ⑦
	(16)	① ② ③ ④ ⑤ ⑥ ⑦
	(17)	① ② ③ ④ ⑤ ⑥ ⑦

問		解答記入欄
【3】	(18)	① ② ③ ④ ⑤
	(19)	① ② ③ ④ ⑤
	(20)	① ② ③ ④ ⑤
	(21)	① ② ③ ④ ⑤
【4】	(22)	① ② ③ ④ ⑤
	(23)	① ② ③ ④ ⑤
	(24)	① ② ③ ④ ⑤
	(25)	① ② ③ ④ ⑤
	(26)	① ② ③ ④ ⑤
【5】	(27)	① ② ③ ④
	(28)	① ② ③ ④
	(29)	① ② ③ ④
	(30)	① ② ③ ④
【6】	(31)	① ② ③ ④
	(32)	① ② ③ ④
	(33)	① ② ③ ④
	(34)	① ② ③ ④
	(35)	① ② ③ ④

問		解答記入欄
【7】	(36)	① ② ③ ④
	(37)	① ② ③ ④
	(38)	① ② ③ ④
	(39)	① ② ③ ④
	(40)	① ② ③ ④
【8】	(41)	① ② ③ ④
	(42)	① ② ③ ④
	(43)	① ② ③ ④
	(44)	① ② ③ ④
	(45)	① ② ③ ④
【9】	(46)	① ② ③ ④
	(47)	① ② ③ ④
	(48)	① ② ③ ④
	(49)	① ② ③ ④
	(50)	① ② ③ ④

東京実業高等学校　2023年度

◇国語◇

※ 135％に拡大していただくと，解答欄は実物大になります。

記入方法

1. 記入は、必ずＨＢの黒鉛筆で、◯ の中を正確に、ぬりつぶしてください。
2. 書き損じた場合は、プラスチック製消しゴムできれいに消してください。
3. 用紙を、折曲げたり汚さないでください。

良い例	●
悪い例	∅ ● ⦶ ⊙

問			解答記入欄
【1】	問一	ア	① ② ③ ④ ⑤ ⑥ ⑦ ⑧ ⑨ ⓪
		イ	① ② ③ ④ ⑤ ⑥ ⑦ ⑧ ⑨ ⓪
	問二	ア	① ② ③ ④ ⑤ ⑥ ⑦ ⑧ ⑨ ⓪
		イ	① ② ③ ④ ⑤ ⑥ ⑦ ⑧ ⑨ ⓪
	問三	ア	① ② ③ ④ ⑤ ⑥ ⑦ ⑧ ⑨ ⓪
		イ	① ② ③ ④ ⑤ ⑥ ⑦ ⑧ ⑨ ⓪
	問四	ア	① ② ③ ④ ⑤ ⑥ ⑦ ⑧ ⑨ ⓪
		イ	① ② ③ ④ ⑤ ⑥ ⑦ ⑧ ⑨ ⓪
	問五	ア	① ② ③ ④ ⑤ ⑥ ⑦ ⑧ ⑨ ⓪
		イ	① ② ③ ④ ⑤ ⑥ ⑦ ⑧ ⑨ ⓪
【2】	問一	ア	① ② ③ ④ ⑤ ⑥ ⑦ ⑧ ⑨ ⓪
		イ	① ② ③ ④ ⑤ ⑥ ⑦ ⑧ ⑨ ⓪
	問二	ア	① ② ③ ④ ⑤ ⑥ ⑦ ⑧ ⑨ ⓪
		イ	① ② ③ ④ ⑤ ⑥ ⑦ ⑧ ⑨ ⓪
	問三	ア	① ② ③ ④ ⑤ ⑥ ⑦ ⑧ ⑨ ⓪
		イ	① ② ③ ④ ⑤ ⑥ ⑦ ⑧ ⑨ ⓪
	問四	ア	① ② ③ ④ ⑤ ⑥ ⑦ ⑧ ⑨ ⓪
		イ	① ② ③ ④ ⑤ ⑥ ⑦ ⑧ ⑨ ⓪
	問五	ア	① ② ③ ④ ⑤ ⑥ ⑦ ⑧ ⑨ ⓪
		イ	① ② ③ ④ ⑤ ⑥ ⑦ ⑧ ⑨ ⓪

問		解答記入欄
【3】	問一	① ② ③ ④ ⑤
	問二	① ② ③ ④ ⑤
	問三	① ② ③ ④ ⑤
	問四	① ② ③ ④ ⑤
	問五	① ② ③ ④ ⑤
	問六	① ② ③ ④ ⑤
	問七	① ② ③ ④ ⑤
	問八	① ② ③ ④ ⑤
	問九	① ② ③ ④ ⑤
	問十	① ② ③ ④ ⑤

問		解答記入欄
【4】	問一	① ② ③ ④ ⑤
	問二	① ② ③ ④ ⑤
	問三	① ② ③ ④ ⑤
	問四	① ② ③ ④ ⑤
	問五	① ② ③ ④ ⑤
	問六	① ② ③ ④ ⑤
	問七	① ② ③ ④ ⑤
	問八	① ② ③ ④ ⑤
	問九	① ② ③ ④ ⑤
	問十	① ② ③ ④ ⑤

東京実業高等学校　2022年度

◇数学◇

※ 135％に拡大していただくと，解答欄は実物大になります。

記入方法
1. 記入は、必ずＨＢの黒鉛筆で、〇の中を正確に、ぬりつぶしてください。
2. 書き損じた場合は、プラスチック製消しゴムできれいに消してください。
3. 用紙を、折曲げたり汚さないでください。

良い例	●
悪い例	∅ ● ϕ ⊙

問			解答記入欄
〔1〕	(1)	ア	⊖ ⓪ ① ② ③ ④ ⑤ ⑥ ⑦ ⑧ ⑨
	(2)	イ	⊖ ⓪ ① ② ③ ④ ⑤ ⑥ ⑦ ⑧ ⑨
	(3)	ウ	⊖ ⓪ ① ② ③ ④ ⑤ ⑥ ⑦ ⑧ ⑨
	(4)	エ	⊖ ⓪ ① ② ③ ④ ⑤ ⑥ ⑦ ⑧ ⑨
	(5)	オ	⊖ ⓪ ① ② ③ ④ ⑤ ⑥ ⑦ ⑧ ⑨
	(6)	カ	⊖ ⓪ ① ② ③ ④ ⑤ ⑥ ⑦ ⑧ ⑨
		キ	⊖ ⓪ ① ② ③ ④ ⑤ ⑥ ⑦ ⑧ ⑨
〔2〕	(1)	ア	⊖ ⓪ ① ② ③ ④ ⑤ ⑥ ⑦ ⑧ ⑨
		イ	⊖ ⓪ ① ② ③ ④ ⑤ ⑥ ⑦ ⑧ ⑨
	(2)	ウ	⊖ ⓪ ① ② ③ ④ ⑤ ⑥ ⑦ ⑧ ⑨
		エ	⊖ ⓪ ① ② ③ ④ ⑤ ⑥ ⑦ ⑧ ⑨
		オ	⊖ ⓪ ① ② ③ ④ ⑤ ⑥ ⑦ ⑧ ⑨
	(3)	カ	⊖ ⓪ ① ② ③ ④ ⑤ ⑥ ⑦ ⑧ ⑨
	(4)	キ	⊖ ⓪ ① ② ③ ④ ⑤ ⑥ ⑦ ⑧ ⑨
		ク	⊖ ⓪ ① ② ③ ④ ⑤ ⑥ ⑦ ⑧ ⑨
	(5)	ケ	⊖ ⓪ ① ② ③ ④ ⑤ ⑥ ⑦ ⑧ ⑨
		コ	⊖ ⓪ ① ② ③ ④ ⑤ ⑥ ⑦ ⑧ ⑨
		サ	⊖ ⓪ ① ② ③ ④ ⑤ ⑥ ⑦ ⑧ ⑨
	(6)	シ	⊖ ⓪ ① ② ③ ④ ⑤ ⑥ ⑦ ⑧ ⑨
		ス	⊖ ⓪ ① ② ③ ④ ⑤ ⑥ ⑦ ⑧ ⑨

問			解答記入欄
〔3〕		ア	⊖ ⓪ ① ② ③ ④ ⑤ ⑥ ⑦ ⑧ ⑨
		イ	⊖ ⓪ ① ② ③ ④ ⑤ ⑥ ⑦ ⑧ ⑨
		ウ	⊖ ⓪ ① ② ③ ④ ⑤ ⑥ ⑦ ⑧ ⑨
		エ	⊖ ⓪ ① ② ③ ④ ⑤ ⑥ ⑦ ⑧ ⑨
		オ	⊖ ⓪ ① ② ③ ④ ⑤ ⑥ ⑦ ⑧ ⑨
		カ	⊖ ⓪ ① ② ③ ④ ⑤ ⑥ ⑦ ⑧ ⑨
		キ	⊖ ⓪ ① ② ③ ④ ⑤ ⑥ ⑦ ⑧ ⑨
		ク	⊖ ⓪ ① ② ③ ④ ⑤ ⑥ ⑦ ⑧ ⑨
〔4〕	(1)	ア	⊖ ⓪ ① ② ③ ④ ⑤ ⑥ ⑦ ⑧ ⑨
	(2)	イ	⊖ ⓪ ① ② ③ ④ ⑤ ⑥ ⑦ ⑧ ⑨
		ウ	⊖ ⓪ ① ② ③ ④ ⑤ ⑥ ⑦ ⑧ ⑨
		エ	⊖ ⓪ ① ② ③ ④ ⑤ ⑥ ⑦ ⑧ ⑨
	(3)	オ	⊖ ⓪ ① ② ③ ④ ⑤ ⑥ ⑦ ⑧ ⑨
		カ	⊖ ⓪ ① ② ③ ④ ⑤ ⑥ ⑦ ⑧ ⑨
		キ	⊖ ⓪ ① ② ③ ④ ⑤ ⑥ ⑦ ⑧ ⑨
	(4)	ク	⊖ ⓪ ① ② ③ ④ ⑤ ⑥ ⑦ ⑧ ⑨
		ケ	⊖ ⓪ ① ② ③ ④ ⑤ ⑥ ⑦ ⑧ ⑨
〔5〕		ア	⊖ ⓪ ① ② ③ ④ ⑤ ⑥ ⑦ ⑧ ⑨
		イ	⊖ ⓪ ① ② ③ ④ ⑤ ⑥ ⑦ ⑧ ⑨

問			解答記入欄
〔6〕	(1)	ア	⊖ ⓪ ① ② ③ ④ ⑤ ⑥ ⑦ ⑧ ⑨
		イ	⊖ ⓪ ① ② ③ ④ ⑤ ⑥ ⑦ ⑧ ⑨
		ウ	⊖ ⓪ ① ② ③ ④ ⑤ ⑥ ⑦ ⑧ ⑨
	(2)	エ	⊖ ⓪ ① ② ③ ④ ⑤ ⑥ ⑦ ⑧ ⑨
		オ	⊖ ⓪ ① ② ③ ④ ⑤ ⑥ ⑦ ⑧ ⑨
		カ	⊖ ⓪ ① ② ③ ④ ⑤ ⑥ ⑦ ⑧ ⑨
		キ	⊖ ⓪ ① ② ③ ④ ⑤ ⑥ ⑦ ⑧ ⑨
		ク	⊖ ⓪ ① ② ③ ④ ⑤ ⑥ ⑦ ⑧ ⑨
		ケ	⊖ ⓪ ① ② ③ ④ ⑤ ⑥ ⑦ ⑧ ⑨
	(3)	コ	⊖ ⓪ ① ② ③ ④ ⑤ ⑥ ⑦ ⑧ ⑨
		サ	⊖ ⓪ ① ② ③ ④ ⑤ ⑥ ⑦ ⑧ ⑨
		シ	⊖ ⓪ ① ② ③ ④ ⑤ ⑥ ⑦ ⑧ ⑨
		ス	⊖ ⓪ ① ② ③ ④ ⑤ ⑥ ⑦ ⑧ ⑨
〔7〕	(1)	ア	⊖ ⓪ ① ② ③ ④ ⑤ ⑥ ⑦ ⑧ ⑨
		イ	⊖ ⓪ ① ② ③ ④ ⑤ ⑥ ⑦ ⑧ ⑨
	(2)	ウ	⊖ ⓪ ① ② ③ ④ ⑤ ⑥ ⑦ ⑧ ⑨
		エ	⊖ ⓪ ① ② ③ ④ ⑤ ⑥ ⑦ ⑧ ⑨

東京実業高等学校　2022年度

◇英語◇

※ 125％に拡大していただくと，解答欄は実物大になります。

記入方法
1. 記入は、必ずＨＢの黒鉛筆で、◯の中を正確に、ぬりつぶしてください。
2. 書き損じた場合は、プラスチック製消しゴムできれいに消してください。
3. 用紙を、折曲げたり汚さないでください。

良い例	●
悪い例	∅ ● ⦶ ⊙

問		解答記入欄
【1】	(1)	① ② ③ ④
	(2)	① ② ③ ④
	(3)	① ② ③ ④
	(4)	① ② ③ ④
	(5)	① ② ③ ④
【2】	(6)	① ② ③ ④ ⑤
	(7)	① ② ③ ④ ⑤
	(8)	① ② ③ ④ ⑤
	(9)	① ② ③ ④ ⑤
	(10)	① ② ③ ④ ⑤
【3】	(11)	① ② ③ ④
	(12)	① ② ③ ④
	(13)	① ② ③ ④
	(14)	① ② ③ ④
	(15)	① ② ③ ④

問		解答記入欄
【4】	(16)	① ② ③ ④ ⑤
	(17)	① ② ③ ④ ⑤
	(18)	① ② ③ ④ ⑤
	(19)	① ② ③ ④ ⑤
	(20)	① ② ③ ④ ⑤
【5】	(21)	① ② ③ ④
	(22)	① ② ③ ④
	(23)	① ② ③ ④
	(24)	① ② ③ ④
	(25)	① ② ③ ④
【6】	(26)	① ② ③ ④ ⑤ ⑥ ⑦
	(27)	① ② ③ ④ ⑤ ⑥ ⑦
	(28)	① ② ③ ④ ⑤ ⑥ ⑦
	(29)	① ② ③ ④ ⑤ ⑥ ⑦
	(30)	① ② ③ ④ ⑤ ⑥ ⑦

問		解答記入欄
【7】	(31)	① ② ③ ④
	(32)	① ② ③ ④
	(33)	① ② ③ ④
	(34)	① ② ③ ④
	(35)	① ② ③ ④
【8】	(36)	① ② ③ ④
	(37)	① ② ③ ④
	(38)	① ② ③ ④
	(39)	① ② ③ ④
	(40)	① ② ③ ④
【9】	(41)	① ② ③ ④
	(42)	① ② ③ ④
	(43)	① ② ③ ④
	(44)	① ② ③ ④
	(45)	① ② ③ ④
	(46)	① ② ③ ④
	(47)	① ② ③ ④
	(48)	① ② ③ ④

東京実業高等学校　2022年度

◇国語◇

※ 118%に拡大していただくと，解答欄は実物大になります。

記入方法

1. 記入は、必ずＨＢの黒鉛筆で、◯ の中を正確に、ぬりつぶしてください。
2. 書き損じた場合は、プラスチック製消しゴムできれいに消してください。
3. 用紙を、折曲げたり汚さないでください。

良い例	●
悪い例	∅ ● ⦶ ⊙

問		解答記入欄
【1】	問一	① ② ③ ④ ⑤
	問二	① ② ③ ④ ⑤
	問三	① ② ③ ④ ⑤
	問四	① ② ③ ④ ⑤
	問五	① ② ③ ④ ⑤
【2】	問一	① ② ③ ④ ⑤
	問二	① ② ③ ④ ⑤
	問三	① ② ③ ④ ⑤
	問四	① ② ③ ④ ⑤
	問五	① ② ③ ④ ⑤
【3】	問一	① ② ③ ④ ⑤ ⑥ ⑦ ⑧ ⑨
	問二	① ② ③ ④ ⑤ ⑥ ⑦ ⑧ ⑨
	問三	① ② ③ ④ ⑤ ⑥ ⑦ ⑧ ⑨
	問四	① ② ③ ④ ⑤ ⑥ ⑦ ⑧ ⑨
	問五	① ② ③ ④ ⑤ ⑥ ⑦ ⑧ ⑨

問		解答記入欄
【4】	問一	① ② ③ ④ ⑤
	問二	① ② ③ ④ ⑤
	問三	① ② ③ ④ ⑤
	問四	① ② ③ ④ ⑤
	問五	① ② ③ ④ ⑤
	問六	① ② ③ ④ ⑤
	問七	① ② ③ ④ ⑤
	問八	① ② ③ ④ ⑤
	問九	① ② ③ ④ ⑤
	問十	① ② ③ ④ ⑤
	問十一	① ② ③ ④ ⑤

問		解答記入欄
【5】	問一	① ② ③ ④ ⑤
	問二	① ② ③ ④ ⑤
	問三	① ② ③ ④ ⑤
	問四	① ② ③ ④ ⑤
	問五	① ② ③ ④ ⑤
	問六	① ② ③ ④ ⑤
	問七	① ② ③ ④ ⑤
	問八	① ② ③ ④ ⑤
	問九	① ② ③ ④ ⑤

東京実業高等学校　2021年度

◇数学◇

※ 138％に拡大していただくと，解答欄は実物大になります。

記入方法

1. 記入は、必ずＨＢの黒鉛筆で、◯ の中を正確に、ぬりつぶしてください。
2. 書き損じた場合は、プラスチック製消しゴムできれいに消してください。
3. 用紙を、折曲げたり汚さないでください。

良い例	●
悪い例	⌀ ◯ ⏀ ⊙

問			解答記入欄
〔1〕	(1)	ア	⊖ ⓪ ① ② ③ ④ ⑤ ⑥ ⑦ ⑧ ⑨
	(2)	イ	⊖ ⓪ ① ② ③ ④ ⑤ ⑥ ⑦ ⑧ ⑨
	(3)	ウ	⊖ ⓪ ① ② ③ ④ ⑤ ⑥ ⑦ ⑧ ⑨
	(4)	エ	⊖ ⓪ ① ② ③ ④ ⑤ ⑥ ⑦ ⑧ ⑨
	(5)	オ	⊖ ⓪ ① ② ③ ④ ⑤ ⑥ ⑦ ⑧ ⑨
	(6)	カ	⊖ ⓪ ① ② ③ ④ ⑤ ⑥ ⑦ ⑧ ⑨
〔2〕	(1)	ア	⊖ ⓪ ① ② ③ ④ ⑤ ⑥ ⑦ ⑧ ⑨
		イ	⊖ ⓪ ① ② ③ ④ ⑤ ⑥ ⑦ ⑧ ⑨
		ウ	⊖ ⓪ ① ② ③ ④ ⑤ ⑥ ⑦ ⑧ ⑨
	(2)	エ	⊖ ⓪ ① ② ③ ④ ⑤ ⑥ ⑦ ⑧ ⑨
		オ	⊖ ⓪ ① ② ③ ④ ⑤ ⑥ ⑦ ⑧ ⑨
	(3)	カ	⊖ ⓪ ① ② ③ ④ ⑤ ⑥ ⑦ ⑧ ⑨
		キ	⊖ ⓪ ① ② ③ ④ ⑤ ⑥ ⑦ ⑧ ⑨
		ク	⊖ ⓪ ① ② ③ ④ ⑤ ⑥ ⑦ ⑧ ⑨
	(4)	ケ	⊖ ⓪ ① ② ③ ④ ⑤ ⑥ ⑦ ⑧ ⑨
	(5)	コ	⊖ ⓪ ① ② ③ ④ ⑤ ⑥ ⑦ ⑧ ⑨
		サ	⊖ ⓪ ① ② ③ ④ ⑤ ⑥ ⑦ ⑧ ⑨
	(6)	シ	⊖ ⓪ ① ② ③ ④ ⑤ ⑥ ⑦ ⑧ ⑨

問			解答記入欄
〔3〕	(1)	ア	⊖ ⓪ ① ② ③ ④ ⑤ ⑥ ⑦ ⑧ ⑨
		イ	⊖ ⓪ ① ② ③ ④ ⑤ ⑥ ⑦ ⑧ ⑨
	(2)	ウ	⊖ ⓪ ① ② ③ ④ ⑤ ⑥ ⑦ ⑧ ⑨
		エ	⊖ ⓪ ① ② ③ ④ ⑤ ⑥ ⑦ ⑧ ⑨
	(3)	オ	⊖ ⓪ ① ② ③ ④ ⑤ ⑥ ⑦ ⑧ ⑨
		カ	⊖ ⓪ ① ② ③ ④ ⑤ ⑥ ⑦ ⑧ ⑨
		キ	⊖ ⓪ ① ② ③ ④ ⑤ ⑥ ⑦ ⑧ ⑨
		ク	⊖ ⓪ ① ② ③ ④ ⑤ ⑥ ⑦ ⑧ ⑨
〔4〕	(1)	ア	⊖ ⓪ ① ② ③ ④ ⑤ ⑥ ⑦ ⑧ ⑨
	(2)	イ	⊖ ⓪ ① ② ③ ④ ⑤ ⑥ ⑦ ⑧ ⑨
		ウ	⊖ ⓪ ① ② ③ ④ ⑤ ⑥ ⑦ ⑧ ⑨
		エ	⊖ ⓪ ① ② ③ ④ ⑤ ⑥ ⑦ ⑧ ⑨
	(3)	オ	⊖ ⓪ ① ② ③ ④ ⑤ ⑥ ⑦ ⑧ ⑨
		カ	⊖ ⓪ ① ② ③ ④ ⑤ ⑥ ⑦ ⑧ ⑨
		キ	⊖ ⓪ ① ② ③ ④ ⑤ ⑥ ⑦ ⑧ ⑨
		ク	⊖ ⓪ ① ② ③ ④ ⑤ ⑥ ⑦ ⑧ ⑨
		ケ	⊖ ⓪ ① ② ③ ④ ⑤ ⑥ ⑦ ⑧ ⑨
	(4)	コ	⊖ ⓪ ① ② ③ ④ ⑤ ⑥ ⑦ ⑧ ⑨
		サ	⊖ ⓪ ① ② ③ ④ ⑤ ⑥ ⑦ ⑧ ⑨

問			解答記入欄
〔5〕		ア	⊖ ⓪ ① ② ③ ④ ⑤ ⑥ ⑦ ⑧ ⑨
		イ	⊖ ⓪ ① ② ③ ④ ⑤ ⑥ ⑦ ⑧ ⑨
〔6〕		ア	⊖ ⓪ ① ② ③ ④ ⑤ ⑥ ⑦ ⑧ ⑨
		イ	⊖ ⓪ ① ② ③ ④ ⑤ ⑥ ⑦ ⑧ ⑨
		ウ	⊖ ⓪ ① ② ③ ④ ⑤ ⑥ ⑦ ⑧ ⑨
		エ	⊖ ⓪ ① ② ③ ④ ⑤ ⑥ ⑦ ⑧ ⑨
		オ	⊖ ⓪ ① ② ③ ④ ⑤ ⑥ ⑦ ⑧ ⑨
		カ	⊖ ⓪ ① ② ③ ④ ⑤ ⑥ ⑦ ⑧ ⑨
		キ	⊖ ⓪ ① ② ③ ④ ⑤ ⑥ ⑦ ⑧ ⑨
		ク	⊖ ⓪ ① ② ③ ④ ⑤ ⑥ ⑦ ⑧ ⑨
		ケ	⊖ ⓪ ① ② ③ ④ ⑤ ⑥ ⑦ ⑧ ⑨
		コ	⊖ ⓪ ① ② ③ ④ ⑤ ⑥ ⑦ ⑧ ⑨
〔7〕	(1)	ア	⊖ ⓪ ① ② ③ ④ ⑤ ⑥ ⑦ ⑧ ⑨
		イ	⊖ ⓪ ① ② ③ ④ ⑤ ⑥ ⑦ ⑧ ⑨
		ウ	⊖ ⓪ ① ② ③ ④ ⑤ ⑥ ⑦ ⑧ ⑨
	(2)	エ	⊖ ⓪ ① ② ③ ④ ⑤ ⑥ ⑦ ⑧ ⑨
		オ	⊖ ⓪ ① ② ③ ④ ⑤ ⑥ ⑦ ⑧ ⑨
		カ	⊖ ⓪ ① ② ③ ④ ⑤ ⑥ ⑦ ⑧ ⑨

東京実業高等学校　2021年度

◇英語◇

※ 133％に拡大していただくと，解答欄は実物大になります。

記入方法
1. 記入は、必ずＨＢの黒鉛筆で、◯ の中を正確に、ぬりつぶしてください。
2. 書き損じた場合は、プラスチック製消しゴムできれいに消してください。
3. 用紙を、折曲げたり汚さないでください。

良い例	●
悪い例	Ø ○ ϕ ⊙

問		解答記入欄
【1】	(1)	① ② ③ ④
	(2)	① ② ③ ④
	(3)	① ② ③ ④
	(4)	① ② ③ ④
	(5)	① ② ③ ④
【2】	(6)	① ② ③ ④ ⑤
	(7)	① ② ③ ④ ⑤
	(8)	① ② ③ ④ ⑤
	(9)	① ② ③ ④ ⑤
	(10)	① ② ③ ④ ⑤
【3】	(11)	① ② ③ ④
	(12)	① ② ③ ④
	(13)	① ② ③ ④
	(14)	① ② ③ ④
	(15)	① ② ③ ④

問		解答記入欄
【4】	(16)	① ② ③ ④
	(17)	① ② ③ ④
	(18)	① ② ③ ④
	(19)	① ② ③ ④
	(20)	① ② ③ ④
【5】	(21)	① ② ③ ④ ⑤ ⑥ ⑦
	(22)	① ② ③ ④ ⑤ ⑥ ⑦
	(23)	① ② ③ ④ ⑤ ⑥ ⑦
	(24)	① ② ③ ④ ⑤ ⑥ ⑦
	(25)	① ② ③ ④ ⑤ ⑥ ⑦
【6】	(26)	① ② ③ ④ ⑤ ⑥ ⑦
	(27)	① ② ③ ④ ⑤ ⑥ ⑦
	(28)	① ② ③ ④ ⑤ ⑥ ⑦
	(29)	① ② ③ ④ ⑤ ⑥ ⑦
	(30)	① ② ③ ④ ⑤ ⑥ ⑦

問		解答記入欄
【7】	(31)	① ② ③ ④
	(32)	① ② ③ ④
	(33)	① ② ③ ④
	(34)	① ② ③ ④
	(35)	① ② ③ ④
	(36)	① ② ③ ④
【8】	(37)	① ② ③ ④
	(38)	① ② ③ ④
	(39)	① ② ③ ④
	(40)	① ② ③ ④
	(41)	① ② ③ ④
	(42)	① ② ③ ④
【9】	(43)	① ② ③ ④
	(44)	① ② ③ ④
	(45)	① ② ③ ④
	(46)	① ② ③ ④
	(47)	① ② ③ ④
	(48)	① ② ③ ④

東京実業高等学校　　2021年度

◇国語◇

※ 143%に拡大していただくと，解答欄は実物大になります。

記入方法
1. 記入は、必ずＨＢの黒鉛筆で、○の中を正確に、ぬりつぶしてください。
2. 書き損じた場合は、プラスチック製消しゴムできれいに消してください。
3. 用紙を、折曲げたり汚さないでください。

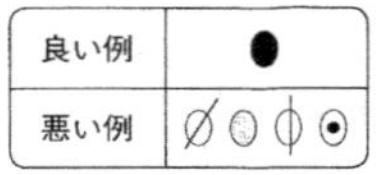

問			解答記入欄
【1】	問一	ア	①②③④⑤⑥⑦⑧⑨⓪
		イ	①②③④⑤⑥⑦⑧⑨⓪
	問二	ア	①②③④⑤⑥⑦⑧⑨⓪
		イ	①②③④⑤⑥⑦⑧⑨⓪
	問三	ア	①②③④⑤⑥⑦⑧⑨⓪
		イ	①②③④⑤⑥⑦⑧⑨⓪
	問四	ア	①②③④⑤⑥⑦⑧⑨⓪
		イ	①②③④⑤⑥⑦⑧⑨⓪
	問五	ア	①②③④⑤⑥⑦⑧⑨⓪
		イ	①②③④⑤⑥⑦⑧⑨⓪
【2】	問一	ア	①②③④⑤⑥⑦⑧⑨⓪
		イ	①②③④⑤⑥⑦⑧⑨⓪
	問二	ア	①②③④⑤⑥⑦⑧⑨⓪
		イ	①②③④⑤⑥⑦⑧⑨⓪
	問三	ア	①②③④⑤⑥⑦⑧⑨⓪
		イ	①②③④⑤⑥⑦⑧⑨⓪
	問四	ア	①②③④⑤⑥⑦⑧⑨⓪
		イ	①②③④⑤⑥⑦⑧⑨⓪
	問五	ア	①②③④⑤⑥⑦⑧⑨⓪
		イ	①②③④⑤⑥⑦⑧⑨⓪

問		解答記入欄
【3】	問一	①②③④⑤
	問二	①②③④⑤
	問三	①②③④⑤
	問四	①②③④⑤
	問五	①②③④⑤
	問六	①②③④⑤
	問七	①②③④⑤
	問八	①②③④⑤

問		解答記入欄
【4】	問一	①②③④⑤
	問二	①②③④⑤
	問三	①②③④⑤
	問四	①②③④⑤
	問五	①②③④⑤
	問六	①②③④⑤
	問七	①②③④⑤
	問八	①②③④⑤

東京実業高等学校　2020年度

◇数学◇

※122%に拡大していただくと，解答欄は実物大になります。

問			解答記入欄
〔1〕	(1)	ア	− 0 1 2 3 4 5 6 7 8 9
	(2)	イ	− 0 1 2 3 4 5 6 7 8 9
	(3)	ウ	− 0 1 2 3 4 5 6 7 8 9
	(4)	エ	− 0 1 2 3 4 5 6 7 8 9
	(5)	オ	− 0 1 2 3 4 5 6 7 8 9
	(6)	カ	− 0 1 2 3 4 5 6 7 8 9
〔2〕	(1)	ア	− 0 1 2 3 4 5 6 7 8 9
		イ	− 0 1 2 3 4 5 6 7 8 9
		ウ	− 0 1 2 3 4 5 6 7 8 9
	(2)	エ	− 0 1 2 3 4 5 6 7 8 9
		オ	− 0 1 2 3 4 5 6 7 8 9
	(3)	カ	− 0 1 2 3 4 5 6 7 8 9
		キ	− 0 1 2 3 4 5 6 7 8 9
		ク	− 0 1 2 3 4 5 6 7 8 9
		ケ	− 0 1 2 3 4 5 6 7 8 9
	(4)	コ	− 0 1 2 3 4 5 6 7 8 9
		サ	− 0 1 2 3 4 5 6 7 8 9
	(5)	シ	− 0 1 2 3 4 5 6 7 8 9
	(6)	ス	− 0 1 2 3 4 5 6 7 8 9

問			解答記入欄
〔3〕		ア	− 0 1 2 3 4 5 6 7 8 9
		イ	− 0 1 2 3 4 5 6 7 8 9
		ウ	− 0 1 2 3 4 5 6 7 8 9
		エ	− 0 1 2 3 4 5 6 7 8 9
		オ	− 0 1 2 3 4 5 6 7 8 9
〔4〕	(1)	ア	− 0 1 2 3 4 5 6 7 8 9
		イ	− 0 1 2 3 4 5 6 7 8 9
	(2)	ウ	− 0 1 2 3 4 5 6 7 8 9
		エ	− 0 1 2 3 4 5 6 7 8 9
	(3)	オ	− 0 1 2 3 4 5 6 7 8 9
		カ	− 0 1 2 3 4 5 6 7 8 9
	(4)	キ	− 0 1 2 3 4 5 6 7 8 9
		ク	− 0 1 2 3 4 5 6 7 8 9
		ケ	− 0 1 2 3 4 5 6 7 8 9
	(5)	コ	− 0 1 2 3 4 5 6 7 8 9
		サ	− 0 1 2 3 4 5 6 7 8 9
〔5〕		ア	− 0 1 2 3 4 5 6 7 8 9
		イ	− 0 1 2 3 4 5 6 7 8 9
		ウ	− 0 1 2 3 4 5 6 7 8 9
		エ	− 0 1 2 3 4 5 6 7 8 9

問			解答記入欄
〔6〕	(1)	ア	− 0 1 2 3 4 5 6 7 8 9
		イ	− 0 1 2 3 4 5 6 7 8 9
		ウ	− 0 1 2 3 4 5 6 7 8 9
		エ	− 0 1 2 3 4 5 6 7 8 9
		オ	− 0 1 2 3 4 5 6 7 8 9
	(2)	カ	− 0 1 2 3 4 5 6 7 8 9
		キ	− 0 1 2 3 4 5 6 7 8 9
		ク	− 0 1 2 3 4 5 6 7 8 9
		ケ	− 0 1 2 3 4 5 6 7 8 9
	(3)	コ	− 0 1 2 3 4 5 6 7 8 9
		サ	− 0 1 2 3 4 5 6 7 8 9
		シ	− 0 1 2 3 4 5 6 7 8 9
〔7〕	(1)	ア	− 0 1 2 3 4 5 6 7 8 9
		イ	− 0 1 2 3 4 5 6 7 8 9
	(2)	ウ	− 0 1 2 3 4 5 6 7 8 9
		エ	− 0 1 2 3 4 5 6 7 8 9

記入方法

1. 記入は，必ずＨＢの黒鉛筆で，○ の中を正確に，ぬりつぶしてください。
2. 書き損じた場合は，プラスチック製消しゴムできれいに消してください。
3. 用紙を，折曲げたり汚さないでください。

良い例	●
悪い例	∅ ○ ⦶ ⊙

東京実業高等学校　2020年度

◇英語◇

※111％に拡大していただくと，解答欄は実物大になります。

問		解答記入欄
【1】	(1)	① ② ③ ④
	(2)	① ② ③ ④
	(3)	① ② ③ ④
	(4)	① ② ③ ④
	(5)	① ② ③ ④
【2】	(6)	① ② ③ ④ ⑤ ⑥ ⑦
	(7)	① ② ③ ④ ⑤ ⑥ ⑦
	(8)	① ② ③ ④ ⑤ ⑥ ⑦
	(9)	① ② ③ ④ ⑤ ⑥ ⑦
	(10)	① ② ③ ④ ⑤ ⑥ ⑦
【3】	(11)	① ② ③ ④ ⑤ ⑥ ⑦
	(12)	① ② ③ ④ ⑤ ⑥ ⑦
	(13)	① ② ③ ④ ⑤ ⑥ ⑦
	(14)	① ② ③ ④ ⑤ ⑥ ⑦
	(15)	① ② ③ ④ ⑤ ⑥ ⑦

問		解答記入欄
【4】	(16)	① ② ③ ④
	(17)	① ② ③ ④
	(18)	① ② ③ ④
	(19)	① ② ③ ④
	(20)	① ② ③ ④
	(21)	① ② ③ ④
	(22)	① ② ③ ④
	(23)	① ② ③ ④
	(24)	① ② ③ ④
	(25)	① ② ③ ④
	(26)	① ② ③ ④
	(27)	① ② ③ ④
【5】	(28)	① ② ③ ④
	(29)	① ② ③ ④
	(30)	① ② ③ ④
	(31)	① ② ③ ④
	(32)	① ② ③ ④

問		解答記入欄
【6】	(33)	① ② ③ ④ ⑤
	(34)	① ② ③ ④ ⑤
	(35)	① ② ③ ④ ⑤
	(36)	① ② ③ ④ ⑤
	(37)	① ② ③ ④ ⑤
	(38)	① ② ③ ④
	(39)	① ② ③ ④
	(40)	① ② ③ ④
【7】	(41)	① ② ③ ④
	(42)	① ② ③ ④
	(43)	① ② ③ ④
	(44)	① ② ③ ④
	(45)	① ② ③ ④
	(46)	① ② ③ ④

記入方法

1. 記入は、必ずＨＢの黒鉛筆で、○ の中を正確に、ぬりつぶしてください。
2. 書き損じた場合は、プラスチック製消しゴムできれいに消してください。
3. 用紙を、折曲げたり汚さないでください。

良い例	●
悪い例	∅ ○ ϕ ⊙

東京実業高等学校　　2020年度

◇国語◇

※111％に拡大していただくと，解答欄は実物大になります。

問		解答記入欄
【1】	問一	① ② ③ ④ ⑤
	問二	① ② ③ ④ ⑤
	問三	① ② ③ ④ ⑤
	問四	① ② ③ ④ ⑤
	問五	① ② ③ ④ ⑤
【2】	問一	① ② ③ ④ ⑤
	問二	① ② ③ ④ ⑤
	問三	① ② ③ ④ ⑤
	問四	① ② ③ ④ ⑤
	問五	① ② ③ ④ ⑤

問		解答記入欄
【3】	問一	① ② ③ ④ ⑤
	問二	① ② ③ ④ ⑤
	問三	① ② ③ ④ ⑤
	問四	① ② ③ ④ ⑤
	問五	① ② ③ ④ ⑤
	問六	① ② ③ ④ ⑤
	問七	① ② ③ ④ ⑤
	問八	① ② ③ ④ ⑤
	問九	① ② ③ ④ ⑤
	問十	① ② ③ ④ ⑤

問			解答記入欄
【4】	問一		① ② ③ ④ ⑤
	問二		① ② ③ ④ ⑤
	問三		① ② ③ ④ ⑤
	問四		① ② ③ ④ ⑤
	問五	⑤	① ② ③ ④ ⑤
		⑥	① ② ③ ④ ⑤
	問六		① ② ③ ④ ⑤
	問七		① ② ③ ④ ⑤
	問八		① ② ③ ④ ⑤
	問九		① ② ③ ④ ⑤
	問十		① ② ③ ④ ⑤

記入方法

1. 記入は、必ずＨＢの黒鉛筆で、◯ の中を正確に、ぬりつぶしてください。
2. 書き損じた場合は、プラスチック製消しゴムできれいに消してください。
3. 用紙を、折曲げたり汚さないでください。

良い例	●
悪い例	∅ ○ ⦶ ⊙

東京実業高等学校　2019年度

◇数学◇

※この解答用紙は132%に拡大していただくと，実物大になります。

問			解答記入欄
〔1〕	(1)	ア	⊖ ⓪ ① ② ③ ④ ⑤ ⑥ ⑦ ⑧ ⑨
	(2)	イ	⊖ ⓪ ① ② ③ ④ ⑤ ⑥ ⑦ ⑧ ⑨
	(3)	ウ	⊖ ⓪ ① ② ③ ④ ⑤ ⑥ ⑦ ⑧ ⑨
	(4)	エ	⊖ ⓪ ① ② ③ ④ ⑤ ⑥ ⑦ ⑧ ⑨
	(5)	オ	⊖ ⓪ ① ② ③ ④ ⑤ ⑥ ⑦ ⑧ ⑨
	(6)	カ	⊖ ⓪ ① ② ③ ④ ⑤ ⑥ ⑦ ⑧ ⑨
〔2〕	(1)	ア	⊖ ⓪ ① ② ③ ④ ⑤ ⑥ ⑦ ⑧ ⑨
		イ	⊖ ⓪ ① ② ③ ④ ⑤ ⑥ ⑦ ⑧ ⑨
		ウ	⊖ ⓪ ① ② ③ ④ ⑤ ⑥ ⑦ ⑧ ⑨
	(2)	エ	⊖ ⓪ ① ② ③ ④ ⑤ ⑥ ⑦ ⑧ ⑨
		オ	⊖ ⓪ ① ② ③ ④ ⑤ ⑥ ⑦ ⑧ ⑨
	(3)	カ	⊖ ⓪ ① ② ③ ④ ⑤ ⑥ ⑦ ⑧ ⑨
	(4)	キ	⊖ ⓪ ① ② ③ ④ ⑤ ⑥ ⑦ ⑧ ⑨
		ク	⊖ ⓪ ① ② ③ ④ ⑤ ⑥ ⑦ ⑧ ⑨
	(5)	ケ	⊖ ⓪ ① ② ③ ④ ⑤ ⑥ ⑦ ⑧ ⑨
		コ	⊖ ⓪ ① ② ③ ④ ⑤ ⑥ ⑦ ⑧ ⑨
		サ	⊖ ⓪ ① ② ③ ④ ⑤ ⑥ ⑦ ⑧ ⑨
	(6)	シ	⊖ ⓪ ① ② ③ ④ ⑤ ⑥ ⑦ ⑧ ⑨

問			解答記入欄
〔3〕	(1)	ア	⊖ ⓪ ① ② ③ ④ ⑤ ⑥ ⑦ ⑧ ⑨
		イ	⊖ ⓪ ① ② ③ ④ ⑤ ⑥ ⑦ ⑧ ⑨
	(2)	ウ	⊖ ⓪ ① ② ③ ④ ⑤ ⑥ ⑦ ⑧ ⑨
		エ	⊖ ⓪ ① ② ③ ④ ⑤ ⑥ ⑦ ⑧ ⑨
		オ	⊖ ⓪ ① ② ③ ④ ⑤ ⑥ ⑦ ⑧ ⑨
	(3)	カ	⊖ ⓪ ① ② ③ ④ ⑤ ⑥ ⑦ ⑧ ⑨
		キ	⊖ ⓪ ① ② ③ ④ ⑤ ⑥ ⑦ ⑧ ⑨
		ク	⊖ ⓪ ① ② ③ ④ ⑤ ⑥ ⑦ ⑧ ⑨
〔4〕	(1)	ア	⊖ ⓪ ① ② ③ ④ ⑤ ⑥ ⑦ ⑧ ⑨
		イ	⊖ ⓪ ① ② ③ ④ ⑤ ⑥ ⑦ ⑧ ⑨
		ウ	⊖ ⓪ ① ② ③ ④ ⑤ ⑥ ⑦ ⑧ ⑨
	(2)	エ	⊖ ⓪ ① ② ③ ④ ⑤ ⑥ ⑦ ⑧ ⑨
		オ	⊖ ⓪ ① ② ③ ④ ⑤ ⑥ ⑦ ⑧ ⑨
	(3)	カ	⊖ ⓪ ① ② ③ ④ ⑤ ⑥ ⑦ ⑧ ⑨
〔5〕		ア	⊖ ⓪ ① ② ③ ④ ⑤ ⑥ ⑦ ⑧ ⑨
		イ	⊖ ⓪ ① ② ③ ④ ⑤ ⑥ ⑦ ⑧ ⑨
		ウ	⊖ ⓪ ① ② ③ ④ ⑤ ⑥ ⑦ ⑧ ⑨
		エ	⊖ ⓪ ① ② ③ ④ ⑤ ⑥ ⑦ ⑧ ⑨
		オ	⊖ ⓪ ① ② ③ ④ ⑤ ⑥ ⑦ ⑧ ⑨

問			解答記入欄
〔6〕	(1)	ア	⊖ ⓪ ① ② ③ ④ ⑤ ⑥ ⑦ ⑧ ⑨
	(2)	イ	⊖ ⓪ ① ② ③ ④ ⑤ ⑥ ⑦ ⑧ ⑨
		ウ	⊖ ⓪ ① ② ③ ④ ⑤ ⑥ ⑦ ⑧ ⑨
	(3)	エ	⊖ ⓪ ① ② ③ ④ ⑤ ⑥ ⑦ ⑧ ⑨
		オ	⊖ ⓪ ① ② ③ ④ ⑤ ⑥ ⑦ ⑧ ⑨
	(4)	カ	⊖ ⓪ ① ② ③ ④ ⑤ ⑥ ⑦ ⑧ ⑨
		キ	⊖ ⓪ ① ② ③ ④ ⑤ ⑥ ⑦ ⑧ ⑨
〔7〕	(1)	ア	⊖ ⓪ ① ② ③ ④ ⑤ ⑥ ⑦ ⑧ ⑨
		イ	⊖ ⓪ ① ② ③ ④ ⑤ ⑥ ⑦ ⑧ ⑨
	(2)	ウ	⊖ ⓪ ① ② ③ ④ ⑤ ⑥ ⑦ ⑧ ⑨
		エ	⊖ ⓪ ① ② ③ ④ ⑤ ⑥ ⑦ ⑧ ⑨
	(3)	オ	⊖ ⓪ ① ② ③ ④ ⑤ ⑥ ⑦ ⑧ ⑨
		カ	⊖ ⓪ ① ② ③ ④ ⑤ ⑥ ⑦ ⑧ ⑨
		キ	⊖ ⓪ ① ② ③ ④ ⑤ ⑥ ⑦ ⑧ ⑨

記入方法

1. 記入は、必ずＨＢの黒鉛筆で、◯ の中を正確に、ぬりつぶしてください。
2. 書き損じた場合は、プラスチック製消しゴムできれいに消してください。
3. 用紙を、折曲げたり汚さないでください。

良い例	●
悪い例	⊘ ◯ ⦶ ⊙

東京実業高等学校　2019年度

◇英語◇

※この解答用紙は132％に拡大していただくと，実物大になります。

問		解答記入欄
【1】	(1)	① ② ③ ④
	(2)	① ② ③ ④
	(3)	① ② ③ ④
	(4)	① ② ③ ④
	(5)	① ② ③ ④
【2】	(6)	① ② ③ ④
	(7)	① ② ③ ④
	(8)	① ② ③ ④
	(9)	① ② ③ ④
	(10)	① ② ③ ④
【3】	(11)	① ② ③ ④
	(12)	① ② ③ ④
	(13)	① ② ③ ④
	(14)	① ② ③ ④
	(15)	① ② ③ ④

問		解答記入欄
【4】	(16)	① ② ③ ④
	(17)	① ② ③ ④
	(18)	① ② ③ ④
	(19)	① ② ③ ④
	(20)	① ② ③ ④
	(21)	① ② ③ ④
	(22)	① ② ③ ④
	(23)	① ② ③ ④
	(24)	① ② ③ ④
	(25)	① ② ③ ④
	(26)	① ② ③ ④
	(27)	① ② ③ ④
	(28)	① ② ③ ④
【5】	(29)	① ② ③ ④
	(30)	① ② ③ ④
	(31)	① ② ③ ④
	(32)	① ② ③ ④
	(33)	① ② ③ ④
	(34)	① ② ③ ④

問		解答記入欄
【6】	(35)	① ② ③ ④ ⑤ ⑥ ⑦ ⑧ ⑨ ⓪
	(36)	① ② ③ ④ ⑤ ⑥ ⑦ ⑧ ⑨ ⓪
	(37)	① ② ③ ④ ⑤ ⑥ ⑦ ⑧ ⑨ ⓪
	(38)	① ② ③ ④ ⑤ ⑥ ⑦ ⑧ ⑨ ⓪
	(39)	① ② ③ ④
	(40)	① ② ③ ④
【7】	(41)	① ② ③ ④ ⑤ ⑥ ⑦ ⑧
	(42)	① ② ③ ④ ⑤ ⑥ ⑦ ⑧
	(43)	① ② ③ ④ ⑤ ⑥ ⑦ ⑧
	(44)	① ② ③ ④ ⑤ ⑥ ⑦ ⑧
	(45)	① ② ③ ④ ⑤ ⑥ ⑦ ⑧
	(46)	① ② ③ ④
	(47)	① ② ③ ④ ⑤
	(48)	① ② ③ ④ ⑤ ⑥

記入方法

1. 記入は、必ずＨＢの黒鉛筆で、○ の中を正確に、ぬりつぶしてください。
2. 書き損じた場合は、プラスチック製消しゴムできれいに消してください。
3. 用紙を、折曲げたり汚さないでください。

良い例	●
悪い例	∅ ◉ ⦶ ⊙

東京実業高等学校　　2019年度

◇国語◇

※この解答用紙は実物大になります。

問		解答記入欄
【1】	問一	① ② ③ ④ ⑤
	問二	① ② ③ ④ ⑤
	問三	① ② ③ ④ ⑤
	問四	① ② ③ ④ ⑤
	問五	① ② ③ ④ ⑤
	問六	① ② ③ ④ ⑤
	問七	① ② ③ ④ ⑤
	問八	① ② ③ ④ ⑤
	問九	① ② ③ ④ ⑤
	問十	① ② ③ ④ ⑤

問		解答記入欄
【2】	問一	① ② ③ ④ ⑤
	問二	① ② ③ ④ ⑤
	問三	① ② ③ ④ ⑤
	問四	① ② ③ ④ ⑤
	問五	① ② ③ ④ ⑤
	問六	① ② ③ ④ ⑤
	問七	① ② ③ ④ ⑤
	問八	① ② ③ ④ ⑤
	問九	① ② ③ ④ ⑤
	問十	① ② ③ ④ ⑤
	問十一	① ② ③ ④ ⑤
	問十二	① ② ③ ④ ⑤
	問十三	① ② ③ ④ ⑤

問			解答記入欄
【3】	問一	(1)	① ② ③ ④ ⑤
		(2)	① ② ③ ④ ⑤
	問二	(1)	① ② ③ ④ ⑤
		(2)	① ② ③ ④ ⑤
	問三	(1)	① ② ③ ④ ⑤
		(2)	① ② ③ ④ ⑤
	問四	(1)	① ② ③ ④ ⑤
		(2)	① ② ③ ④ ⑤
	問五	(1)	① ② ③ ④ ⑤
		(2)	① ② ③ ④ ⑤

記入方法

1. 記入は、必ずＨＢの黒鉛筆で、○ の中を正確に、ぬりつぶしてください。
2. 書き損じた場合は、プラスチック製消しゴムできれいに消してください。
3. 用紙を、折曲げたり汚さないでください。

良い例	●
悪い例	∅ ◍ ⦶ ⊙

MEMO

大切なことはメモしておこうネ！

MEMO

大切なことはメモしておこうネ！

東京学参の

中学校別入試過去問題シリーズ

＊出版校は一部変更することがあります。一覧にない学校はお問い合わせください。

東京ラインナップ

あ　青山学院中等部(L04)
麻布中学(K01)
桜蔭中学(K02)
お茶の水女子大附属中学(K07)
か　海城中学(K09)
開成中学(M01)
学習院中等科(M03)
慶應義塾中等部(K04)
晃華学園中学(N13)
攻玉社中学(L11)
国学院大久我山中学
（一般・CC）(N22)
（ＳＴ）(N23)
駒場東邦中学(L01)
さ　芝中学(K16)
芝浦工業大附属中学(M06)
城北中学(M05)
女子学院中学(K03)
巣鴨中学(M02)
成蹊中学(N06)
成城中学(K28)
成城学園中学(L05)
青稜中学(K23)
創価中学(N14)★
た　玉川学園中学部(N17)
中央大附属中学(N08)
筑波大附属中学(K06)
筑波大附属駒場中学(L02)
帝京大中学(N16)
東海大菅生高中等部(N27)
東京学芸大附属竹早中学(K08)
東京都市大付属中学(L13)
桐朋中学(N03)
東洋英和女学院中学部(K15)
豊島岡女子学園中学(M12)
な　日本大第一中学(M14)
日本大第三中学(N19)
日本大第二中学(N10)
は　雙葉中学(K05)
法政大学中学(N11)
本郷中学(M08)
ま　武蔵中学(N01)
明治大付属中野中学(N05)
明治大付属中野八王子中学(N07)
明治大付属明治中学(K13)
ら　立教池袋中学(M04)
わ　和光中学(N21)
早稲田中学(K10)
早稲田実業学校中等部(K11)
早稲田大高等学院中等部(N12)

神奈川ラインナップ

あ　浅野中学(O04)
栄光学園中学(O06)
か　神奈川大附属中学(O08)
鎌倉女学院中学(O27)
関東学院六浦中学(O31)
慶應義塾湘南藤沢中等部(O07)
慶應義塾普通部(O01)
さ　相模女子大中学部(O32)
サレジオ学院中学(O17)
逗子開成中学(O22)
聖光学院中学(O11)
清泉女学院中学(O20)
洗足学園中学(O18)
捜真女学校中学部(O29)
た　桐蔭学園中等教育学校(O02)
東海大付属相模高中等部(O24)
桐光学園中学(O16)
な　日本大中学(O09)
は　フェリス女学院中学(O03)
法政大第二中学(O19)
や　山手学院中学(O15)
横浜隼人中学(O26)

千・埼・茨・他ラインナップ

あ　市川中学(P01)
浦和明の星女子中学(Q06)
か　海陽中等教育学校
（入試Ⅰ・Ⅱ）(T01)
（特別給費生選抜）(T02)
久留米大附設中学(Y04)
さ　栄東中学（東大・難関大）(Q09)
栄東中学（東大特待）(Q10)
狭山ヶ丘高校付属中学(Q01)
芝浦工業大柏中学(P14)
渋谷教育学園幕張中学(P09)
城北埼玉中学(Q07)
昭和学院秀英中学(P05)
清真学園中学(S01)
西南学院中学(Y02)
西武学園文理中学(Q03)
西武台新座中学(Q02)
専修大松戸中学(P13)
た　筑紫女学園中学(Y03)
千葉日本大第一中学(P07)
千葉明徳中学(P12)
東海大付属浦安高中等部(P06)
東邦大付属東邦中学(P08)
東洋大附属牛久中学(S02)
獨協埼玉中学(Q08)
な　長崎日本大中学(Y01)
成田高校付属中学(P15)
は　函館ラ・サール中学(X01)
日出学園中学(P03)
福岡大附属大濠中学(Y05)
北嶺中学(X03)
細田学園中学(Q04)
や　八千代松陰中学(P10)
ら　ラ・サール中学(Y07)
立命館慶祥中学(X02)
立教新座中学(Q05)
わ　早稲田佐賀中学(Y06)

公立中高一貫校ラインナップ

北海道　市立札幌開成中等教育学校(J22)
宮　城　宮城県仙台二華・古川黎明中学校(J17)
市立仙台青陵中等教育学校(J33)
山　形　県立東桜学館中学校(J27)
茨　城　茨城県立中学・中等教育学校(J09)
栃　木　県立宇都宮東・佐野・矢板東高校附属中学校(J11)
群　馬　県立中央・市立四ツ葉学園中等教育学校・
市立太田中学校(J10)
埼　玉　市立浦和中学校(J06)
県立伊奈学園中学校(J31)
さいたま市立大宮国際中等教育学校(J32)
川口市立高等学校附属中学校(J35)
千　葉　県立千葉・東葛飾中学校(J07)
市立稲毛国際中等教育学校(J25)
東　京　区立九段中等教育学校(J21)
都立大泉高等学校附属中学校(J28)
都立両国高等学校附属中学校(J01)
都立白鷗高等学校附属中学校(J02)
都立富士高等学校附属中学校(J03)
都立三鷹中等教育学校(J29)
都立南多摩中等教育学校(J30)
都立武蔵高等学校附属中学校(J04)
都立立川国際中等教育学校(J05)
都立小石川中等教育学校(J23)
都立桜修館中等教育学校(J24)
神奈川　川崎市立川崎高等学校附属中学校(J26)
県立平塚・相模原中等教育学校(J08)
横浜市立南高等学校附属中学校(J20)
横浜サイエンスフロンティア高校附属中学校(J34)
広　島　県立広島中学校(J16)
県立三次中学校(J37)
徳　島　県立城ノ内中等教育学校・富岡東・川島中学校(J18)
愛　媛　県立今治東・松山西・宇和島南中等教育学校(J19)
福　岡　福岡県立中学校・中等教育学校(J12)
佐　賀　県立香楠・致遠館・唐津東・武雄青陵中学校(J13)
宮　崎　県立五ヶ瀬中等教育学校(J15)
県立宮崎西・都城泉ヶ丘高校附属中学校(J36)
長　崎　県立長崎東・佐世保北・諫早高校附属中学校(J14)

公立中高一貫校
「適性検査対策」
問題集シリーズ

総合編　作文問題編　資料問題編　数と図形編　生活と科学編　実力確認テスト編

私立中・高スクールガイド

THE《ザ》 私立

私立中学&高校の学校生活がわかる！

高校別入試過去問題シリーズ
東京実業高等学校　2024年度
ISBN978-4-8141-2535-7

発行所　東京学参株式会社
〒153-0043　東京都目黒区東山2-6-4
URL　https://www.gakusan.co.jp

編集部　E-mail　hensyu@gakusan.co.jp
※本書の編集責任はすべて弊社にあります。内容に関するお問い合わせ等は、編集部まで、メールにてお願い致します。なお、回答にはしばらくお時間をいただく場合がございます。何卒ご了承くださいませ。

営業部　TEL　03 (3794) 3154
FAX　03 (3794) 3164
E-mail　shoten@gakusan.co.jp
※ご注文・出版予定のお問い合わせ等は営業部までお願い致します。

2023年6月22日　初版